媒体融合与媒体转型

尤婷婷　著

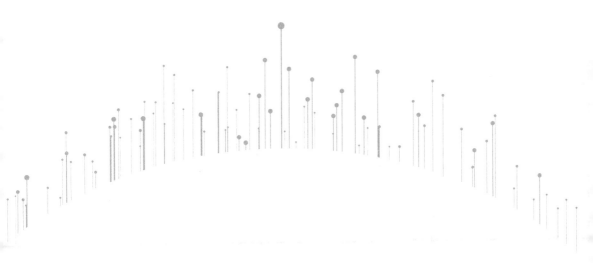

读者出版社

图书在版编目（CIP）数据

媒体融合与媒体转型 / 尤婷婷著. —— 兰州 ：读者
出版社，2025. 5. —— ISBN 978-7-5527-0872-1

Ⅰ. G206. 2

中国国家版本馆 CIP 数据核字第 2025VL6811号

媒体融合与媒体转型

尤婷婷　著

责任编辑　张紫妍
装帧设计　雷们起

出版发行　读者出版社
地　　址　兰州市城关区读者大道 568 号（730030）
邮　　箱　readerpress@163.com
电　　话　0931-2131529（编辑部）　0931-2131507（发行部）

印　　刷　兰州银声印务有限公司
规　　格　开本 787 毫米 ×1092 毫米　1/16
　　　　　印张 12.5　插页 2　字数 228 千
版　　次　2025 年 5 月第 1 版
　　　　　2025 年 5 月第 1 次印刷
书　　号　ISBN 978-7-5527-0872-1
定　　价　68.00 元

目　录

理论篇

守正创新　深融破局
——甘肃媒体融合总体进展、典型案例及优化策略

习近平总书记强调："要适应社会信息化持续推进的新情况，加快传统媒体和新兴媒体融合发展，充分运用新技术新应用创新媒体传播方式，占领信息传播制高点。"[①] 这个战略性的顶层设计指引，让当时面对新媒体冲击的传统媒体找到了转型和发展方向。

作为国家战略的媒体融合在甘肃的实践，展现了诸多亮点，涌现出了一些在全国范围来看都具有价值的探索。但对照《关于加快推进媒体深度融合发展的意见》，甘肃的媒体融合依然任重道远，亟须突破瓶颈和困境。新的发展阶段，甘肃需持续有效推进媒体融合高质量发展，打造出具有强大传播能力的新型传播平台，在内容生产、产业发展、AI 大模型与技术共融等方面迈向新发展阶段。

一、深融破局：甘肃媒体融合发展的概况

党的十八大以来，以习近平同志为核心的党中央做出推动传统媒体和新兴媒体融合发展的战略部署。2014 年，中央全面深化改革领导小组（现中央全面深化改革委员会）第四次会议审议通过《关于推动传统媒体和新兴媒体融合发展的指导意见》。2019 年 1 月 25 日，习近平总书记在主持中共中央政治局第十二次集体学习时强调，推动媒体融合发展、建设全媒体成为我们面临的一项紧迫课题。媒体融合发展，也成为甘肃的必答题。

---

① 中共中央文献研究室编：《习近平关于全面建成小康社会论述摘编》，中央文献出版社 2016 年版，第 106 页。

（一）顶层设计 + 实践创新，新型主流媒体矩阵逐渐形成

1. 顶层设计，开启媒体深度融合新阶段

党的十八大以来，媒体融合一直是我国深化新闻舆论工作领域改革的一项关键任务。中共中央、国务院陆续出台了《关于加快推进媒体深度融合发展的意见》《中共中央关于制定国民经济和社会发展第十四个五年规划和二〇三五年远景目标的建议》《关于加快推进广播电视媒体深度融合发展的意见》《"十四五"文化发展规划》等文件，在舆论导向、互联网思维、群众路线、先进技术引领驱动融合发展、全媒体人才、政策保障等多个层面对媒体融合提出了更明确、更具体的要求。

甘肃省委、省政府深入贯彻落实党中央决策部署，指导省委宣传部制定出台《关于加快推进全省媒体深度融合发展的若干措施》《甘肃省市级融媒体中心建设规范》《甘肃省市级融媒体中心建设方案（技术）》等多个指导性文本，为全省媒体融合提供顶层设计和制度保障。

2. 实践创新，转型融合的进程紧锣密鼓

按照省委、省政府安排部署，在省委宣传部指导下，2018 年 10 月 28 日，甘肃新媒体集团组建成立，甘肃第一新闻党端——"新甘肃"客户端同期上线，掀开了甘肃省媒体融合发展的崭新一页。随着甘肃新媒体集团的成立和"新甘肃"客户端的上线，甘肃日报构建起包括移动客户端、网站、微信公众号、微博、微视频在内的"端、网、微、屏"移动传播矩阵，成为全省媒体融合发展的"领跑者"。

2019 年 1 月起，省属主流媒体启动实施"主力军转主战场"媒体融合机制改革，实现了党媒采编资源无障碍转入移动新媒体平台，"主力军"全面挺进"主战场"。在媒体融合的物理空间打造和技术配置上，甘肃日报社、甘肃省广播电视总台均建成全媒体采编指挥中心，引入了全媒体采编系统、报道指挥系统、互联网大数据系统、舆情监测分析系统，实现了数据共享、集中指挥、各方协调、信息沟通、统一发布等一体化功能。

与此同时，甘肃省广播电视总台依靠"融媒飞天云"技术体系的技术优势和"视听主打、移动优先、品质广电、幸福总台"的全新战略定位，不断将媒体深度融合工作引向深入。

作为甘肃第一新闻党端，"新甘肃"客户端以"新闻 + 党建 + 政务 + 服务"为

宗旨，以党报强大的采编资源为依托，不断优化原创内容。同时，吸纳全省 86 个县级融媒体中心，全省各级党政机关、企事业单位、高等院校、主流媒体官方发布等 340 多家机构号入驻，形成了集新闻发布、媒体聚合、政务服务等多功能于一体的聚合型新闻信息平台。

"视听甘肃"客户端以视音频为特色，具备了策、采、聚、编、审、发、存等流程云平台处理能力，目前已有多家单位、机构入驻，实现了网络直播多路信号汇聚、云平台导播、信号多平台分发等功能，仅 2020 年就完成了近 1500 场网络直播。

甘肃新媒体集团旗下的"掌上兰州"客户端，主打城市生活服务，为街道社区搭建技术平台提供定向新闻宣传和智力支持，主动融入并深度参与社区治理和居民生活服务。2021 年 12 月 4 日，以"掌上兰州"为基础平台，甘肃第一个全域性综合型移动新闻平台——"奔流新闻"客户端正式上线，进一步放大全国舆论场甘肃声量，更好讲述新时代甘肃故事。

在媒体融合发展的浪潮中，甘肃主流媒体进一步拓展发展空间，巩固和壮大主流舆论阵地，一个传播力、引导力、影响力、公信力不断提升的甘肃新型主流媒体矩阵逐渐形成并发展壮大。

（二）内容建设＋外宣破局，主流舆论阵地建设成效显著

1. 内容创优，表达逐步多元化

创新传播方式，让主旋律引领大流量，最根本在于内容创新。近几年，甘肃各级媒体致力于理念创新、视角创新、方式创新，在多元化表达中彰显了主流媒体的活力。2020 年 11 月，为全面回顾总结甘肃脱贫攻坚取得的历史性成就，"新甘肃"客户端推出了 H5 作品《一碗牛肉面，拉开 2600 万人的奋进篇章》，作品运用长幅画卷、渐进式动画、手绘视频等多种表现形式，将甘肃脱贫攻坚多方面亮点和成就融入一碗牛肉面的制作过程中，鲜活生动地展现了甘肃人民摆脱贫困走向新生活的历程。

在中国共产党成立 100 周年之际，"新甘肃"客户端推出党史党建类栏目《红色陇原》、诗歌朗诵类节目《声音里的山河大地》、音频节目《党史百问》、大型手绘 H5《一生的守望》、手绘长卷 H5《追星，追心！》等融媒体产品，通过丰富的

内容和多样的形式，深情回顾了百年党史中的陇原担当。同时，甘肃新媒体集团联合省委党史学习教育领导小组办公室、省委宣传部等推出的"甘肃红色印记"系列海报，在全省上下广泛传播，不断掀起党史学习教育宣传热潮。

随着对内容建设的深入理解，甘肃新媒体集团各内容平台更加注重新闻思想的呈现，推动思想、创意与技术的相互赋能。在党的二十大期间，"新甘肃"客户端围绕"我们这十年"，立足本土资源，深挖敦煌文化特色，将敦煌壁画与新时代故事进行联结，策划推出《手绘互动 H5 | 鹿出敦煌》，综合运用图文、音视频、数字绘画、动漫交互、实景结合插画等表现形式，以九色鹿形象生动讲述陇原大地十年来的辉煌成就，与网民一起见证十年来不平凡的奋进历程。"奔流新闻"推出的甘肃首部原创数字乐舞融合作品《敦煌妙音——大唐奇妙音乐会》，融合了原创音乐、真人舞蹈、实景拍摄、三维建模等多种手段，全网累计传播量达 2000 万。

在 2024 年全国两会报道中，甘肃省广播电视总台以新质生产力推动传统媒体融合发展为理念，通过艺术与技术"双轮驱动"，美学与内容"立体加成"，打造了一批创意十足、形式生动、语态鲜活的融媒作品，实现核心报道"破壁出圈"。以《甘肃新闻》栏目主播丁晓娟为原型打造的 AI 超仿真数字人"晓娟"，搭档真人新闻主播，重磅推出《"甘"出新答卷》《两会热词 | AI 主播说热词》系列融媒体节目，紧紧围绕政府工作报告，对热点内容进行词频分析和关键词整理，"5G+4K+AI"技术布局，充分发挥媒体融合传播优势，全方位、立体化、交互式报道这一国之盛会。

2. 外宣破局，"甘肃故事"的吸引力进一步提升

甘肃是"一带一路"沿线重要省份和向西开放的重要门户，新时代更要找准定位、发挥优势，实现新作为。甘肃新媒体集团肩负着对外传播的重要责任。2022年 8 月底，依托甘肃新媒体集团的采编资源，甘肃国际传播中心挂牌成立，以"一带一路"为线脉，以"矩阵传播"为手段，在重大主题报道、中华文化讲述、甘肃文化宣传、网红视角等方面探索对外传播的话语方式。甘肃国际传播中心打造了"国际流 Louis"网红工作室，阳光、明朗的男女主播出镜，围绕甘肃的美景、美食、特色风物等，面向海内外观众讲述甘肃、推荐甘肃。党的二十大期间推出《我在甘肃挺好的（Good Living in Gansu）》主题融媒报道，多角度、多形式讲述外国

人在甘肃的故事。2023 年 8 月，甘肃国际传播中心与白俄罗斯记者联盟、明斯克-新闻通讯社签署合作协议并互相挂牌工作联络站，甘肃国际传播中心记者也首次走出国门进行采访报道。内外宣联动、多平台互补，甘肃新媒体集团全媒体传播体系持续健全，主流舆论影响力不断提升。

兰州日报社立足实际，加大海外传播探索力度，于 2023 年 6 月 1 日成立兰州黄河国际传播中心，坚持内外宣一体联动、协同发力，以"观澜新闻"客户端为支撑，打造国际传播全媒体矩阵，形成以内容建设为根本、先进技术为支撑、创新管理为保障的全媒体传播体系，初步建成了具有一定影响力的国际传播"地方队"。通过融媒体平台，甘肃进一步探索让文物"活"起来的有效途径，深入挖掘敦煌文化的价值。利用融媒体矩阵，对外宣传推广的数字文化品牌及相关产品，深受社会公众的关注和喜爱。2021 年，敦煌研究院融媒体平台浏览量达 2 亿人次，访客覆盖 96 个国家（地区），真正使洞窟里的文物"活"起来、"走"出来，成为"互联网+ 中华文明"行动计划的生动实践。与此同时，另辟蹊径加强国际传播能力建设，适应敦煌文化全球化、区域化和分众化表达要求，依托驻外机构、官网及社交媒体平台等，在"一带一路"沿线开展跨地区、主题性、品牌化传播推介，采取线上演出、展览等人文"云交流"活动，搭建惠及国内外受众、创新内外联动的文化传播体系。荟萃"云赏敦煌""视听甘肃""新甘肃"客户端优秀短视频，配英俄文字幕，向 46 家海外中国文化中心、28 家旅游办事处推送，主动作为，合力展现立体、全面、生动的"如意甘肃"，不断提高甘肃的美誉度和影响力。

（三）角色重构 + 多方协同，融媒体发挥社会治理的作用日益凸显

1. 角色重构，推动社会治理现代化

一方面，"融媒 +"推动形成社会治理新模式。在做强新型主流媒体的大趋势下，甘肃主流媒体坚持守正创新，持续加大报纸、网站、客户端"三端"的融合力度，并逐步形成了"新闻 + 政务 + 服务"的新模式。在新闻端上，打造了"新甘肃""甘肃发布""奔流新闻"等多个以时政新闻为主、民生资讯为辅的综合新闻宣传平台。在政务端上，围绕政务服务、政务公开、舆论引导、融媒协作等方面，形成了以"甘肃政务"为龙头和核心的新媒体矩阵集群。在服务端上，利用"甘快办"等政务服务平台以及县级融媒体中心综合服务平台，不断提高网上政务服务能力，

实现了高频服务事项的"省内通办"。另一方面，"融媒+"助力打造社会治理新平台。在甘肃省委宣传部指导下，按照全省"一平台、一张网、一盘棋"的理念，从2018年底开始，甘肃新媒体集团着手打造了甘肃省融媒体省级技术平台"新甘肃云"。至2020年4月，86个县区融媒体中心实现全面入驻。目前，甘肃13个市级融媒体中心已全部入驻"新甘肃云"，形成了纵向融通的省、市、县融媒体一体化发展格局。"新甘肃云"整合社会优质资源，倾力打造智慧党建、智慧社区等板块，为推动社会治理创新提供了全媒体解决路径，在媒体融合赋能社会治理、推动社会治理现代化上做出了有益尝试。DeepSeek凭借"开源+低成本"的独特优势，在AI领域迅速崛起。2025年2月11日，甘肃省融媒体省级技术平台"新甘肃云"正式接入智能对话大模型深度求索DeepSeek-R1，赋能全省、市、县融媒体中心内容生产。"新甘肃云"已将DeepSeek引入采编生产平台，入驻"新甘肃云"的创作者可进行更为便捷的AI创作。创作者在"新甘肃云"编辑输入指令后，即可通过指引快速获取新闻稿件、短视频脚本、文案策划等，让内容创作更智能、更高效。

2.多方协同，建设社会治理共同体

一方面，政务新媒体融合整体优势进一步凸显。由甘肃省人民政府官方政务新媒体"甘肃发布"搭建的"政务新媒体矩阵大厅发布体系"已发展成为全省进行政务信息公开、开展网络问政理政和网络舆论引导的重要平台。各级政务新媒体依托政务网络，建立起常态化宣传协作机制和政务服务工作联动机制，进一步深化推动各级政务新媒体与各大政府网站的有机联动，实现了政务资讯的规模化、集中式传播，助推区域治理能力的提升。另一方面，政务新媒体与县级融媒体协作，形成社会治理新合力。例如玉门市融媒体中心坚持移动优先战略，积极打造信息共享平台，不断延伸政务服务，实现信息传播、互动、交流的智慧化服务，成立了跨部门应用的网络政务、健康、交通、生态等重要领域主题信息库。靖远县融媒体中心搭建了一个覆盖城乡、联动高效、易于管理的网格化综合管理系统，实现了全县"一个网络、四级网格"全面联通。县级融媒体中心如果能够真正将区域治理和社会管理的日常运营平台全面打通，就会成为地方党委政府提升现代治理能力的重要抓手。

（四）多元经营＋延长服务，品牌价值不断扩展

1. 深挖市场潜力，拓展多元经营

甘肃通过"战略运营"媒体融合方式，将内容、技术、运营、服务等融为一体，服务的空间和半径不断拓展。一方面，充分利用新媒体所有呈现形式，提供新媒体类核心产品服务；另一方面，着力推动策划引领、项目创新的业务构建，围绕客户思维、产品思维、服务思维，与客户需求深入融合，推进宣传类、活动类、公益类方案策划实施，并立足甘肃、辐射西北，将服务范围延伸至北京、上海、浙江等地，有力推动了经营业务的创收，凸显出自身独特的市场价值。

近几年，甘肃新媒体集团先后服务于中国兰州投资贸易洽谈会、中国中医药博览会，打造了新媒体经营服务经典样板案例。依托平台影响、媒体资源、技术保障、综合服务四个方面的优势，甘肃新媒体集团逐步形成了平面设计、广告发布、视频制作、活动营销、党建服务、展会服务、政务推广、研学培训、艺术交流、文化出版、全案策划等"媒体＋"运营模式，逐步在省内构建起了新媒体经营的多元、融合的优质生态圈。

2025年1月7日，甘肃省广播电视总台发布系统性变革"2246"架构，全面开启新一轮改革高质量发展的新征程。据了解，甘肃省广播电视总台通过融合与创新，打造广播电视联合融媒体和广电优选电商2个平台，精办电视公共频道和电视科教2个特色频道，创新成立纪录片中心、国际传播中心、视频制作中心、应用创新中心4个内容生产部门，整合全媒体新闻中心、卫视中心、融媒体中心、广播传媒中心、文化影视中心和青少传媒中心6个生产传播中心。此外，甘肃广电融媒体中心还将全力打造全媒体人才队伍，实现采编、技术、运营、管理力量更好地共享融通，内容生产体系和全媒体传播链条更加集约高效。同时，中心将采用文图、音视频、AR、数据新闻等多种形式，进行多媒体、立体化、沉浸式报道与呈现，推动内容原创、运营、风控和聚合、分发等方面跨越式发展。

2. 发挥智库优势，延长服务链条

甘肃媒体融合主动求变，在运营服务模式上不断进行推陈出新，主动延伸服务，发挥智库优势。一是成立政务全媒体运营中心，面向全省党政机关和企事业单位，以专业化团队，进行网站、微信公众号、微博、App等项目开发、建设以及托管运营等，提供政务媒体发展全案解决方案和内容代运营服务。二是成立甘肃舆情数据研究中心，为省内120多家党政机关、企业、高校等提供一体化信息和培训服务，在甘肃区域做到了用户数量第一、覆盖区域第一、项目签约额第一、综合影响力第一。三是挂牌甘肃媒体版权保护中心，打造媒体版权确权、用权、维权的全链条服务体系，促进新闻作品版权转化，努力实现媒体版权保护和收益的双重目标。四是从2018年起，连续举办了七届甘肃媒体融合创新与发展论坛，邀请国内学界、业界知名专家和兄弟媒体同仁共话融媒发展，进行汇智交流，为甘肃媒体融合可持续发展注入了强大活力。五是新媒体团队的运营工作注重社会效益与经济效益双管齐下，通过公益活动搭建沟通机制，建立客户大数据，提高平台服务水平。六是连续多年举办"甘肃植树公益行"活动，此活动已成为甘肃参与人数最多的植树公益活动。

二、破局出圈：甘肃媒体融合的典型案例

在推进媒体融合发展的过程中，甘肃省各级各类融媒体中心和平台立足实际、锐意改革、守正创新，在内容提升、经营拓展、融媒表达等方面进行了一系列有益探索，形成了一批具有聚合功能、指导作用和社会反响的融媒体产品，也产生了许多具有可推广性的融媒体发展经验和典型案例。

（一）以体制机制创新不断推动媒体的深度融合

1. 定西市融媒体中心做强客户端，提升服务力

定西市融媒体中心按照"走好新时代网上群众路线"的有关要求，依托"新甘肃云"省级技术平台技术优势，在全省率先建成"我爱定西·我要说话"问政平台，建成12345政务服务热线，全方位打造"指尖上的政务服务中心""口袋里的便民服务中心"，服务群众的能力不断提高。截至2023年7月，"新定西"客户端用户达72.8万，注册会员达48万，日均活跃用户4万人以上。定西市融媒体中心通过完善功能、深耕内容，不断做大做强"新定西"客户端，将旗下的2个电视频道、2个广播频道和1张报纸、1个新闻网站以及代运维的"学习强国"定西学习平台、定西市新时代文明实践平台统一入驻客户端，实现新闻一站式服务。开发建设互动性较强的"问政""服务""商城"等板块，常态化开展各类直播、投票、答题和话

题设置、官方发布、会员积分兑换等活动,大力拓展"融媒+"发展空间,着力构建"新闻+政务服务商务"运营模式,将新闻客户端向城市生活智能平台延伸,增强了平台黏性,提高了服务群众的能力。

2.秦州区融媒体中心不断盘活媒体资源

天水市秦州区融媒体中心借加快媒体深度融合发展的东风,主动转型,克服体制机制、人才短缺等难题,通过"人员机构+外部通联+内容生产"三个维度融合,实现了全媒体各平台共联共通,全中心各部门形成联动,人、财、物等资源配置实现统筹,采、编、播部门实现优势互补,人员绩效考核实现统一,采编、经营、保障相辅相成,信息传播与综合服务齐头并进,成为新型媒体赛道上的"小跑车",走出了一条县级融媒体创新发展之路。通过实行全媒型人才战略,实现部门轮岗一专多能,提高单兵作战能力,保证采编过程中内容差异化供给;开拓人才成长通道,打破编制、级别、身份限制,中层干部实行"竞争上岗",勇于让年轻人站业务C位。秦州区融媒体中心先后打造了部门、镇街、学校三个通联队伍,并通过定期培训和积分管理制度,不断提升通讯员队伍参与度、专业化和机动化能力,使之成为融媒发展不可或缺的"编外"力量;邀请当地自媒体、达人入驻,并与地方文联、摄协、文艺团体建立协作关系,培养一批拍客、写手参与,提高客户端活跃度,打造区域宣传网络,构筑同城化效应。对适宜移动端传播的电视新闻进行轻体量制作和竖版转换,进行内容重组和栏目包装。弥补本地新闻线索短板,突破地域传播壁垒,积极向全域媒体靠拢,多渠道、多方式运用互联网素材,不断打造本地和全网爆款作品,提升天水古城、伏羲文化等地方IP知名度和影响力。

3.民乐县融媒体中心优化编采流程,推进深度融合

张掖市民乐县融媒体中心整合台、网、微、端等平台资源,搭建策、采、编、发指挥平台,扩大县域融媒体传播矩阵,形成了以"新民乐"客户端为主线的"一端、两台、三微、十五平台"区域新型主流媒体传播矩阵,促进媒体融合发展从"简单嫁接"到"融为一体、合而为一"的转变。民乐县各镇、工业园区、县直及省市驻民各部门单位经营的40多个新媒体平台账号全部入驻"新民乐"客户端,各类公告、公示、政务动态等信息在"新民乐"客户端平台首发,各单位组织的网络评比、投票、测评、直播等活动,在县融媒体中心所属平台发布推广,从制度层面严

格规范了信息发布流程和渠道。全县1170多名新闻通讯员全员参与新闻写作和新闻传播工作，全力构建全县上下"一盘棋"的大宣传格局。同时，按照"本土化定位、融合化传播、平台化发展"的理念，将电视、广播、网络新媒体的策采编发新闻生产流程再优化，打造"共同策划、一次采访、多种生成、多元传播"的采编发模式，实现了重大选题统一策划、采编指挥统一调度、采编力量资源统筹协调。中心健全完善"周策划督促、月汇报总结、季考核奖惩"的工作机制，针对融媒体人才短缺现状，因事设岗、按岗聘用，通过双向选择、竞争上岗，充分激发员工积极性和创造性，完善人才激励机制，制定绩效考核制度和评先评优奖励办法，全力提升编采队伍业务员素质和责任担当意识。

4. 卓尼县融媒体中心"4+15+N"模式实现媒体融合新突破

甘南藏族自治州卓尼县融媒体中心打造舆论宣传主阵地，坚持"导向为魂、移动为先、内容为王、创新为要"的工作理念，在不断探索和成长中逐步形成了集"台、网、微、端、云、号"六位一体的"4+15+N"的卓尼融媒宣传新模式。建设伊始，中心坚持结合"走出去"和"请进来"培训模式，不断拓宽视野，掌握专业技能，融媒产品得到广泛认可。在"人民日报"客户端、"新华社"客户端、"央视频""新甘肃"客户端等媒体平台，稿件采用率达到98%，快速将卓尼县新闻资讯和社会发展事业动态全网推送，形成网上网下"同心圆"，实现媒体融合新突破。近年来，卓尼县融媒体中心以"一体策划、一次采集、多种生成、多元发布"的生产理念，满足不同受众多样性需求，按照"策、采、编、发、播"链条式生产推播方式指定专人运营维护各平台，不断提高新闻信息生产、传播和服务能力。与中国电信集团甘南电信分公司携手打造建设"甘南州智慧宣传平台"，打造"指尖上的政务服务中心"，实现了甘南州"一云八屏"的远程发布和一键切换工作，凸显出全州宣传思想工作领域"一个动作、一种声音，全方位、立体式、无死角"的宣传格局，解决了服务群众"最后一公里"的瓶颈问题。

5. 敦煌市融媒体中心打破身份界限，机制尽显活力

敦煌市融媒体中心大胆创新，积极推进内部机制改革，打破原有机构岗位和身份界限，整合撤并部门，优化生产流程，走出了一条"自主创新＋探索实践"的路子。按照"以岗定责、以岗定薪，人随岗走、薪随岗变，薪酬向一线岗位倾斜"的

原则，将岗位划分为 9 个绩效工资类别，将在编人员的绩效工资全部纳入动态考核，形成了"多劳多得、优绩优酬"的良好工作氛围。改革运行以来，全体职工特别是一线采编人员的工资待遇得到提高。全面开展竞岗双选，中层干部全部公开竞聘，部门主任与职工之间双向选择，优化组合，打造责、权、利高度集中的新闻团队。坚持强强合作，扩大宣传"朋友圈"，加强国际传播，发起、成立了世界文化和自然遗产城市中国广电媒体联盟（2025 年 3 月已正式更名为"世界文化和自然遗产城市国际媒体联盟"），共同宣传推介敦煌文化；先后入驻"学习强国""人民号""央视频""新甘肃"等 10 多个互联网平台；建立"敦煌 & 人民网丝路融媒体工作室"，入驻"三农"头条"振兴号"。与新华社新闻信息中心达成战略合作协议，共同建设敦煌文化国际传播中心，并成功举办敦煌文化国际传播中心全球启幕暨敦煌城市品牌标识发布仪式，上线脸书、推特两个海外社交账号，成为全国第一个以文化为核心的城市国际传播中心。截至 2023 年，敦煌融媒矩阵有各类宣传平台共 37 个，年发稿量 8 万条，浏览量 9 亿 +，粉丝数 210 万。

6. 庄浪县融媒体中心校媒合作赋能创新

在媒体深度融合发展的时代背景下，近年来，平凉市庄浪县融媒体中心破瓶颈、补短板、搭平台，与南开大学文学院、兰州大学新闻与传播学院和西北师范大学传媒学院衔接，建立了"产学融合，创新赋能"校媒合作关系，为经济基础薄弱、人才资源匮乏的庄浪县做强新型主流媒体，建用用好县级融媒体中心提供智力支持，推动了县级媒体深度融合发展，也为高校延伸教学课堂、开展学研探索、拓宽实践领域、培养优秀新闻与传播人才提供了强有力的平台支撑。近年来，先后邀请高校专家学者在中心开展专题讲座 30 场次，吸纳高校专硕研究生和本科生 400 多人次来中心实习或利用寒暑假、国庆等假日开展实践活动。学生的实习实践作品对宣传庄浪、提升庄浪的影响力和知名度发挥了积极作用。融媒体中心"校、媒合作实践教学基地"挂牌成立，通过举办专题讲座，举行"看庄浪、论融合"主题沙龙等活动，与高校建立"产学研"交流平台，产学"相融"，学习借鉴高校在移动采编、内容管理、终端分发、传播效果等方面的先进技术和创新理念，使双方在媒体融合发展、新媒体人才培养、广播电视节目制作、纪录片创作等方面达成合作共识，实现人才培养、技术服务等全方位资源共享、优势互补，为庄浪县融媒体中心的发展提供了良好契机。

7. 金塔县融媒体中心"融"出满天星光，延伸宣传触角

2022年以来，酒泉市金塔县融媒体中心按照加快推进媒体深度融合发展的部署，大力构建"1+N"融媒宣传新格局，即在建强做大县融媒体中心的基础上，扶持各乡镇、各部门建设首批融媒体工作室12个，犹如满天星光，让融媒宣传更加熠熠生辉。金塔县融媒体中心研究明确了"一支工作队伍、一批专业设备、一套制度体系、一批宣传矩阵"的"四个一"标准，聚焦壮大主流舆论、挖掘新闻素材、创新宣传形式、助力外宣工作、贴心服务便民"五大"职能，实现了建设标准化。制定出台了融媒体工作室策划、约稿、推送分发等制度，落细落实工作责任。融媒体工作室深度开展跟踪式、递进式采访制作，深入挖掘行业特点，生产出了一批独具特色的新媒体作品，满足了行业人群的精准化、多样化需求。通过统一选题、统一策划、统一制作、统一分发，实现了重大主题报道全县"一盘棋"。县融媒体中心建立与各工作室双向交流锻炼制度，各融媒体工作室选派骨干力量到县融媒体中心轮岗实习，增强其新媒体技能。县融媒体中心还先后选派8名工作人员到融媒体工作室进行技术指导和实践锻炼，提升了人才共育水平，更好地讲述金塔故事，传播金塔声音。

8. 玉门市融媒体中心依托云构架，打造融媒体共享平台

作为中宣部重点联系推动、甘肃省率先挂牌的县级融媒体中心，玉门市融媒体中心自成立以来，提出并践行"新闻＋政务＋社会治理"的融媒体建设思路，建成以"一中心四系统＋爱玉门APP"为云架构，集新闻资讯、政务服务、生活服务、社会治理等于一体的融媒体共享平台。玉门市融媒体中心不断优化绩效考评机制，推行《融媒体中心岗位业务等级管理制度》《职称评聘积分管理办法》，建立"网络用才"制度，出台《玉门市融媒体中心人才培养办法》，通过外出跟岗实训、媒体人看新闻、读书读报漂流、岗位业务大练兵、"青蓝工程·导师带徒"等举措，打造一支适应媒体融合的复合型人才队伍；强化提升"造血功能"，建立党政主导、企业运营、多主体参与的融媒体市场化运营模式，以公司营收反哺中心运行，融媒体中心自身造血功能显著提升。玉门市融媒体中心坚持移动优先策略，延伸"融媒＋政务＋服务＋社会治理"的建设思路，建成了集广播、电视、客户端、户外大屏、

5G 移动直播仓、慢直播平台"六位一体"的宣传体系，成立"祁连云"数据融合中心，为媒体和政务部门统一提供信息计算、存储等基础云服务，搭载运行玉门人大、市长热线、公车系统、政务 OA、智慧园区等 18 个业务系统，"城市大脑"数据中台初步形成，云数据产业初具规模，内容服务和政务服务双管齐下。

9. 宁县融媒体中心完善用人导向，以业绩论英雄

庆阳市宁县融媒体中心出台绩效考核制度，建立起科学的用人导向。以业务完成情况论业绩、看干部，在评优选模、职称晋升、干部推荐等方面给予倾斜；加大人才培养力度，招聘引进 6 名新闻专业本科生，补充采编力量。持续推进业务培训工作，除外出培训外，单位内部每周都有业务培训活动。建立了覆盖各乡镇、各部门的 210 多人的通讯员队伍，通讯员新闻作品纳入奖励，有效扩充了新闻来源，调动了通讯员积极性。全面落实全员宣传任务绩效考核，对完成情况每月公布，激发了采编人员的创作动力。兴起领导带头下一线，编采人员积极找线索、主动跑新闻的好风气，内宣和外宣发稿数量和质量均有大幅提升，其中客户端发稿量每月保持在 5700 条以上，有较大增长。《美文欣赏》《生活百科》等四个栏目每月录制24 期节目，栏目数量和节目均比以前增加了一倍。对外宣传稿件数量较同期增长280%，进一步提升了宁县对外宣传形象。

10. 清水县融媒体中心突出人才引领，强化专业支撑

天水市清水县融媒体中心自 2019 年 6 月挂牌成立以来，突出人才引领，强化专业支撑，坚持人才融合与媒体融合同频共振，加强专业技术人才队伍建设，建立全媒体急短缺人才专业数据库，每年及时列入全县组织、宣传、人社等部门人才发展计划，以赢得人才发展先机。以引进招录遴选的专业人才为新生力量，通过业务技能赛、短视频大赛、融媒直播、美拍行动等方式锻造队伍能力，实行首席记者、资深编辑、拍摄剪辑能手机制，让创新人才脱颖而出，以专技支撑"融"文章，推动转隶业务骨干与青年人才融合互补，采取"一帮一""老带新"和评审会等方式，深化人才优质内容生产能力建设，培养"一专多能"全媒采编人员，推出大批融媒爆款作品，让正能量产生大流量、好声音成为最强音。不断锻造名记者、名编辑，培养青年人才，逐年评聘副高级、中级职称，形成策划编导和新媒体运行方面专业领军人才方队 17 人，构建技术人才板块体系，确保播出安全。对融媒体中心专业

人才实行岗位平台目标任务分类化管理，对标9个内设机构和全媒体平台矩阵的职责任务，"定岗位定人员、定责任定任务"，组建策划、采访、制作、编辑、外宣、播音、直播、运维、传播等差异化人才方队，建立目标任务日调度、周通报、月评比、年评议制度，每年对优秀专业人才、优秀新闻工作者和传播力突出贡献者进行表彰奖励，形成人人参与宣传推介清水的大宣传格局。

（二）以内容创新不断提升媒体融合的品牌影响力

1. 嘉峪关市融媒体中心紧盯重大宣传，把握地方特色

作为全省市级媒体融合改革的五个试点之一，嘉峪关市融媒体中心全力打造多媒体、全媒体矩阵，持续做大做强宣传平台。嘉峪关市融媒体中心自成立以来，始终坚持内容为王，围绕"思路新、主题新、形式新"的标准，持续扩大优质作品生产，创新表达形式，取得了丰硕成果。各宣传平台紧盯重大宣传主题，先后开设了"奋进新征程 建功新时代""二十大时光"等40余个专栏，刊播主题报道、系列报道、时政要闻、动态消息等各类新闻24.8万条，较同期增长23.5%。制作播出了《食安雄关》《雄关新青年》等特色栏目153期，完成大型直播活动20余场次，其中甘肃省第五届中学生运动会在新华云、抖音等平台的直播浏览量达到15万次。短视频《河西锁钥》被新华网转发，点击量达到116万次；《非凡十年·嘉峪关》《大河奔腾看雄关》等原创短视频发布后引起热烈反响，广受好评，在新闻宣传领域取得丰硕成果。

2. 甘州区融媒体中心多项组合措施打造短视频爆款

短视频作品能否吸引受众，内容是关键。党的二十大召开期间，张掖市甘州区融媒体中心充分发挥电视画面优势，制作了大批暖人心的短视频，生动展现了甘州广大干部群众学习党的二十大精神的方方面面。短视频《平山湖蒙古族乡"马背宣讲队"，打通党的二十大精神宣讲"最后一公里"》，用同期声加现场采访的形式，展现了干部群众学习党的二十大精神的热情劲头；精心打磨的短视频《甘州区博物馆群口快板——歌颂二十大 踔厉前行谱新篇》，以快板书的形式把党的二十大精神传到千家万户。这两个短视频阅读量累计50万＋，各平台转发点赞累计10万＋。甘州区融媒体中心为培育孵化自有网红，从广播、电视、新媒体等平台选拔兼备新闻工作素质、网红主播气质的主持人组建网红团队，走出录制棚，走进田间

地头，打造知名主持人，确保短视频流量持续走高。甘州区融媒体中心策划创作的《甘州蝶变》系列微纪录片，分《我们的村庄》《我们的田园》《我们的工厂》《我们的校园》《我们的城市》等单元发布。纪录片以一个个小故事，串成了一曲甘州发展的主题曲。其中，《甘州蝶变·我们的村庄——党寨镇陈寨村：设施农业"好前景"》推出后迅速成为爆款，3 小时内浏览量突破 10 万＋，总浏览量 50 万＋，网友纷纷点赞留言。

3. 碌曲县融媒体中心深耕短视频，传播正能量

短视频的根基在新媒体移动端，甘南藏族自治州碌曲县融媒体中心采用"一次采集、多种生成、全媒传播"的模式，截至 2023 年 6 月，已在"多彩碌曲"APP、"碌曲观察"抖音、"碌曲观察"快手、"魅力碌曲"视频号等平台推送原创短视频 2829 条，浏览量达 9.3 亿＋，评论 165 万＋，转发 1869 万＋。为达到短视频既吸引眼球又快速传播的效果，碌曲县融媒体中心编辑记者采用手机拍摄、手机现场剪辑，在突发事件或活动进行中"踩点"发布。六一儿童节，短视频摄制组提前策划，第一时间拍摄制作短视频《甘南少年版"kala chashma"》，一段孩子们的舞蹈火爆全网，全网点击量超 6 亿＋，登上全网抖音热搜第二名，碌曲融媒抖音"碌曲观察"视频浏览量 1.1 亿＋，粉丝互动 29.5 万条，转发 85 万＋。碌曲融媒制作的短视频内容优质、形式灵活、简短走心，发布内容涵盖重大事件、时事要点、社会民生、体育娱乐、生活百科等多方面，每天推送 3 至 10 条，如《一个司机救了一座城》《草原别样"选美"》《大天鹅打卡碌曲郭莽滩》等，以简洁有力的文字和音视频内容进行资讯传播，满足当前用户碎片化阅读的需要。碌曲县融媒体中心将继续借力短视频的飞速发展，将大屏优势转化为小屏流量，与用户建立深度连接，在求变中创新，在创新中突破，在坚守主阵地的同时深耕优质短视频内容，引导网络舆论，打造融媒品牌，传播正能量。

4. 民勤县融媒体中心坚持内容为王，拉近受众距离

近年来，武威市民勤县融媒体中心集中精力把内容作为创新发展的主战场，在直播、微海报、短视频等领域加强创意策划，深入企业车间、田间地头，深挖县域历史文化内涵，开展深度宣传报道。采取"绿洲民勤"APP 积分奖励、多单位联合转载转发等措施，不断提升"绿洲民勤"APP 下载量和新闻稿件点赞量、浏览

量,提高新闻宣传质量,拉近受众与媒体的距离。民勤县融媒体中心扎实推进内容建设,开设专题专栏 18 个,发布短视频 1917 条,微海报 522 张,开展直播活动 18 次。其中《"中国沙乡":摘星小镇"闪耀"瀚海》《民勤县夹河镇:做活"羊经济" 做大"羊产业"》《民勤:"量体裁衣"兴产业 "对症下药"促振兴》等稿件阅读量达到 100 万 +。中心建立媒体平台管理机制,紧盯稿件质量、数量、浏览量、点赞量、评论量、转发量等量化指标,有针对性补齐短板,着力发挥新媒体在信息发布、政策解读、舆论引导等方面的作用。开展融媒体直播 80 余场次,发布各类短视频 1.8 万多条,"民勤融媒"抖音粉丝量突破 70 万,获赞超过 1200 万,先后推出优质稿件 5000 余篇,其中 100 余篇稿件在中央电视台新闻联播、新闻频道和国际频道播出,形成了叠加共振效应,树立了良好外部形象,新闻舆论传播力、引导力、影响力、公信力得到提升。

5. 城关区融媒体中心立足本地,做好强势栏目

2023 年以来,兰州市城关区融媒体中心加强选题策划,推出了一系列特色宣传主题栏目及深度原创新闻报道,有效提升了基层主流媒体的传播力和竞争力。聚焦"兰州特色、城关表达、保持第一"总要求,推出《城关一周要闻》专栏,大力宣传全区打造"七个新城关"行动的举措成效;《小巷总理说》栏目通过短视频、H5 等形式,邀请全区各社区(村)书记从基层党建、城市管理、文明创建、民生保障、民族团结等多个角度,讲述社区发展故事,分享社区治理的经验,传递社区工作的职业价值和理念。针对小学生秋季新生入学工作,开设《融媒记者跑城关·探校》栏目,既是对各小学教学工作的一次展示,又方便家长直观了解各小学环境设施、教学亮点等情况。推出《融媒记者跑城关·探店》栏目,对辖区内美食、美景、娱乐、休闲等特色场所进行展示。与区市场监督管理局合作推出《你点我查》专栏,记者随市场监管部门工作人员对全区重点餐饮场所、农贸市场、生产经营单位等进行突击检查,有利于拉近和民众的距离,同时促进行业自律,守护消费者权益。这些原创栏目受到社会广泛关注,不仅极大充实了新媒体平台,创新了表达方式,强化了优质内容生产能力,也发挥了主流舆论阵地教育、引导、服务群众的作用。

6. 崇信县融媒体中心立足全媒体,精耕短视频,推动新融合

近年来,平凉市崇信县融媒体中心将短视频的策划、创作、推广作为媒体融合

发展的重头戏，强化创新意识、突破思维定式、激发创作潜能、提升作品质量，在媒体融合发展的进程中抢占短视频宣传高地，构建起了城市形象传播的立体化、多元化矩阵，不断推动县级媒体从"融合"走向"融活"。崇信县融媒体中心从成立之初就提出以短视频为突破口，在日常报道中不断策划，将镜头聚焦基层，迅速使短视频成为拳头产品。在选题上紧扣工作亮点、重要节点、关注焦点、舆论热点，策划拍摄的《开往春天的列车》等短视频，采取主播出镜、嘉宾访谈、Vlog（视频网络日志）等形式，第一时间将"甘肃·崇信发展大会""山水龙泉·养生崇信"等活动以短视频的形式传播出去。策划推出的《2023年高考试卷中"窑洞养牛"的题目怎么破？来甘肃省崇信县寻找答案吧！》和《崇信，又一次登上了今年高考试卷……》等"图文+视频"新媒体产品，起到了良好的宣传效果。无论传播载体如何变化、传播生态如何发展，不变的是广大网民对优质视听内容的切实需求。崇信融媒在媒体融合的路上一路向前，奋勇争先，坚持正确的政治方向、舆论导向、价值取向，持续策划好、制作好、传播好正能量、暖人心的优质短视频。

7. 秦安县融媒体中心坚持"六有"方向，制作"爆款"产品

天水市秦安县的抖音号"五彩秦安"选题突破本地局限，在内容抓取上以环球热点、国内焦点、县域重点、时事难点、感人爆点、独特视点、精彩卖点为导向，通过主播讲新闻、短视频看新闻、直播盯新闻、事件追新闻等灵活多样、不拘一格的传播形式，推出了一系列"爆款"产品，为群众传播了优质、正能量的新闻。"五彩秦安"抖音号从受众定位、传递内容、热点抓取、粉丝群体等多个方面综合考虑，思考内容创作的可行性，最终以有爱、有颜、有文、有才、有景、有用的"六有"为方向进行创作，引导群众、服务群众。抖音号自2020年5月运营以来，在努力深耕本土、讲好秦安故事、传播秦安声音的权威信息发布渠道基础上，致力于把正能量和客观、优质的信息通过短视频的形式传递给更多受众，迅速得到了粉丝们的喜爱与关注，充分发挥了县级主流媒体的优势，大幅度提升了影响力和传播力。2022年，"五彩秦安"抖音号被中共甘肃省委网络安全和信息化委员会评为"甘肃省十佳新媒体账号"。

8. 凉州区融媒体中心强化原创内容，提升传播能力

武威市凉州区融媒体中心自成立以来，创新融媒产品创作生产，强化平台播发

流程管理，加快广播电视独立采编播发工作，着力提高规范化运行水平，在融媒产品创作和新闻宣传报道方面取得了良好效果。2023年以来，融媒中心开设"党的二十大精神在凉州""'三抓三促'行动进行时""为民办实事 倾情暖民心"等专栏专题40个，采写播发原创广播、电视新闻367期、1800余条，制作播出电视栏目《文化凉州》68期、广播栏目《光辉的力量》87期；在广播、电视播放《致敬最美劳动者》《我的青春在这里燃烧》《爱心凉州 情暖万家》《安全在心 幸福相伴》等各类公益广告100余条；采制创作图文、海报、动漫、短视频、H5、SVG等新媒体产品1.79万余条，传播力、引导力、影响力和公信力不断提升。凉州区融媒体中心积极探索"新闻+政务服务商务"媒体融合发展模式，全面建成了"一端两台两直播、三微四号五平台"传播矩阵。依托APP构建通联矩阵，为全区107个镇、街道、部门(单位)开设宣传板块，开通通联账号，累计采编发稿1500余条。充分发挥各类平台和资源优势，持续推出鲜活可感、正能量充盈的新闻产品。2023年3月，推送的短视频《生态凉州 只此青绿》被甘肃省委宣传部评为全省"学习强国"学习平台推广使用工作优秀短视频奖。

9.武都区融媒体中心坚持守正创新，实现破圈传播

近年来，陇南市武都区融媒体中心结合大数据实施"分众化"传播，根据不同受众群体的特点，选择符合特定对象心理认知和接受习惯的方式，对每周重点稿件进行精心策划，从新闻产品报道类型、稿件切入点、宣传重点内容、采访对象问题设计等方面进行梳理，列出采访提纲并认真执行。充分利用中国文联对口帮扶武都区的优势，邀请中央和省级媒体的专家学者开展新闻宣传和意识形态工作专题培训，着力解决采编人员的"本领恐慌"，以思想"破冰"实现工作"破局"。在招商引资推介工作中，综合运用SVG、H5、音视频、图文等方式，对新闻产品进行整体优化，突破原有生产模式，以更加接地气、有新意的方式实现破圈传播。推发图文作品《你好，正式认识一下，我是武都！》《武都来一次怎么够》《想你的风还是吹到了武都》等和系列短视频《武都有什么》《有一座城市叫武都》《相约美丽武都 携手共赢发展》等，从人文历史、区位优势、特色产业、文旅康养等多角度向广大客商宣传推介武都，作品全网阅读量达100多万，为全区招商引资工作营造了良好的舆论氛围。武都区融媒体中心运营各平台2023年上半年累计播发稿件

31345 篇（条），其中"万象武都"APP 下载安装人数达 140741 人，完成省市下达的安装注册任务，"陇南武都发布"抖音号涨粉 20 余万，粉丝量达 114.9 万，新闻产品融合传播"硬核实力"得到进一步彰显，网端微屏深度融合实现"小步快跑"。

10. 岷县融媒体中心围绕重点工作创新深融

有内容，才有看头；有内容，才有生命力。定西市岷县融媒体中心围绕全县重点工作，对牧马滩首届冰雪旅游节、岷县 2023 年元宵烟花晚会、2023 年岷县非遗宣传周、花儿艺术节进行网络直播，累计观看人数 100 万 +。原创稿件《甘肃岷县 65 万亩中药材种苗栽种》《全国首台当归移栽机在岷县研发成功》《甘肃岷县：山区种当归　远销 20 多个国家地区》等稿件先后被中央电视台新闻频道、农业农村频道，新华网、《人民日报》等中央媒体刊登播发。稿件《甘肃岷县 6 万亩中药材种子种苗喜获丰收》被央广网推出后，获得甘肃省委网信办全网推转。岷县融媒体中心策划了"多彩岷州·十大最美乡镇"评选及打榜活动，"爱岷县"客户端累计阅读量 1.9 亿 +、评论量 3.7 万 +、点赞数 4000+。开展了第二届"岷县之星"青少儿网络才艺大赛，"爱岷县"客户端阅读量 4256 万 +、评论量 6.8 万 +、点赞量 4.3 万 +。举办了岷县融媒宣传矩阵推广座谈会，对"爱岷县"客户端"最美粉丝"和"最佳拍档"代表进行了表彰，有效聚合了融合发展力量。立足新起点，追赶正当时。岷县融媒体中心将一如既往推动媒体融合向纵深发展，为聚力"四个岷县"、建设"多彩岷州"贡献力量。

（三）以运营创新不断挖掘媒体融合的发展潜力

1. 酒泉市融媒体中心与公司联动运行，提升自我发展能力

酒泉市融媒体中心在建设过程中，成立酒泉融媒时代传媒有限公司，与中心联动运行，不断提升融媒体中心自我发展能力。为提升经营发展能力，增强自我造血功能，将原酒泉日报社、原酒泉广播电视台的经营性业务和资产剥离整合，划转原酒泉日报社办公楼及门面房和原酒泉日报社印刷厂等资产，同步组建酒泉融媒时代传媒有限公司，公司组建不新增人员、不重铺摊子，与市融媒体中心联动运行，通过竞聘上岗方式，从市融媒体中心现有人员中择优选聘管理经营人员，建立健全企业法人治理结构。酒泉融媒时代传媒有限公司是由市政府批准设立的国有独资公司，为独立核算、自主经营、自负盈亏、独立承担民事责任的市场主体，是依托报

纸、广播、电视等传统经营业务和新媒体经营业务为主的文化传媒企业，主要围绕新闻宣传主业，紧贴市场，建立"新闻＋政务服务商务"的运营模式，在国家宏观调控和行业监管下，依托市融媒体中心独特资源和政策优势，激发内生动力，用好市场化机制，壮大融媒产业。公司经营管理人员的薪酬与经营业绩挂钩，按照工作岗位分类发放。公司经营收入主要用于中心及公司人员工资、绩效激励、设备购置等支持媒体融合发展事项。公司在巩固传统经营业务的基础上，积极开拓市场，通过直播、组织活动等形式增加经营收入。

2. 陇西县融媒体中心先立后破，融出效益

定西市陇西县融媒体中心以"先立后破、边建边融"的思路，重点推进移动传播引领、内容创新创优、新技术赋能、人才队伍提升、"媒体＋"产业五大融合创新工程，走出了一条立足实际、守正创新、内涵发展的融合之路。2022年3月，陇西县融媒体中心组建成立甘肃陇融传媒文化发展有限责任公司，积极探索"媒体＋政务服务商务"运营模式，拓展增收渠道，形成主业突出、多点支撑、多业并举、多元发展格局，不断增强自我"造血"机能，开启媒体融合发展新征程。公司组建之初，陇西县融媒体中心在政策、资金等方面全力倾斜扶持，出台《甘肃陇融传媒文化发展有限责任公司深度融合发展试点工作方案》《深度融合发展试点工作任务分解表》等4项改革方案。先后引进3名大学生进企业，把优秀人才变为事业合伙人和媒体创业人；设计了"规范＋绩效＋岗位＋人事"的综合管理考核体系，涵盖采编、技术、经营、行政四大板块的60多项制度，将公司的目标实现与个人的成长及绩效紧密挂钩，精细化管人管事管绩效，激发内生动力。公司全面适应市场化运行规律，向用户全方位提供广告传播、品牌策划、新媒体平台代运维、形象宣传、赛事会展活动承办、教育培训等个性化服务。同时和党政机关、企事业单位开展战略合作，提供订单式服务，以定制个性化产品等方式提高媒体经营的营利空间。2023年上半年，公司净利润同比增长180%。

3. 会宁县融媒体中心对标市场运作，提升"造血"能力

白银市会宁县融媒体中心按照"导向为魂、移动优先、内容为王、创新为要"的思路，围绕"主流舆论阵地""综合服务平台""权威信息渠道"定位，坚持"先立后破、边建边融、宜融则融、能融尽融"的原则，着力从总体规划、机制创新、

人员融合、资金保障、用户黏合等方面着手，全力打造广播、电视、微信、微博、抖音等"多位一体"的融媒传播体系，围绕"速度、广度、精度、深度、热度"，深入开展宣传报道，着力推进媒体融合纵深发展、传播能力大步迈进。在建设好融媒体宣传阵地的同时，会宁县融媒体中心积极探索、深化改革、突出创新，整合人力物力资源，注册成立了甘肃嘉会融媒传播有限公司，就公司框架、运行模式、体制机制、融合创收等方面出台了明确规定。作为会宁县融媒体中心全资控股的全媒体发布运营企业，公司实行采编和经营"两分开、两促进"，构建统一的经营服务体系，建立起自我"造血"和"输血"的良性循环，迈出了对标市场运作、对接市场需求的第一步。与20多家企事业单位签订广告合作事宜，连续三年广告创收突破80万元。在资金和技术的双力加持下，会宁县融媒体中心在媒体融合发展的道路上不断前行，深入推进。

4. 靖远县融媒体中心走出区域融媒全业态运营发展之路

白银市靖远县融媒体中心将全业态运营作为媒体深度融合的驱动力，探索建立了"以流媒体资源整合构建县级融媒体运营"模式，实现了媒体资源整合——融媒产品输出——应用提质增效，走出了一条区域融媒全业态运营的发展之路。中心注册成立了甘肃佰禾融媒传播有限公司，一改传统以专题制作和广告投放为核心的经营模式，通过整合运营资源，转换流量收益，形成了以流量投送、效益结算为主的运营模式，针对县域经济特点，将流量资源进行统一评估，主动出击，全面涉足教育、旅游、文创、地产、直播、农产品上行等各个领域，实现了业务全覆盖、运营全保障、触角全区域。

5. 瓜州县融媒体中心坚持"五融合"思路，增强自我"造血"能力

酒泉市瓜州县融媒体中心依托"今瓜州"客户端实现县、乡、村三级联动，充分发挥文明实践中心（所、站）通联站点作用，让志愿者成为宣传员和通讯员，让好的素材"上得来"，也让党的政策理论"下得去"。同时，坚持"五融合"，即体制机制融合、媒体资源融合、通联队伍融合、技术平台融合、文化传媒融合工作思路，整合"瓜州发布"系列微信、微博、头条号和乡镇微信公众号等自有资源，打造"县域新闻＋智慧政务＋便民服务＋文明实践"的聚合型客户端，实现媒体多终端互助、资源和数据互通、各发布平台互动、多元内容互融，努力将融媒体中心打

造成为主流舆论阵地、综合服务平台和社区信息枢纽，助力瓜州县社会经济高质量发展。为进一步增强融媒体中心自我"造血"能力，2023年2月，组建甘肃星空无界传媒文化有限公司，依托融媒体中心独特资源和政策优势，围绕新闻宣传主业，拓展融媒产业，紧贴市场，建立"新闻＋政务服务商务"的运营模式，主营业务涵盖广告业务、视频业务、直播业务、策划服务、采购代理、新媒体业务和网络业务等，实现了"新闻＋"的逐步深入和发展。目前，瓜州县融媒体中心遵循全媒体新规律，充分发挥自身优势，全面挺进移动互联网的"主战场"，奋力书写着县域经济高质量发展的时代答卷。

6. 临夏市融媒体中心培养创意团队，拓展营收空间

临夏市融媒体中心服务地方中心工作，聚焦全市产业项目建设主战场，综合运用全媒体矩阵平台，密集式创新宣传引导，在描绘的高质量发展蓝图上频频"飞针走线"，全方位助力全市营商环境优化提升。临夏市融媒体中心集中力量打造"新临夏"手机客户端"主平台""主阵地"，围绕省、州、市招商引资重大主题、重要时间节点、会议活动，发挥专班作用，超前策划新闻报道、专题片和新媒体产品，深入挖掘临夏发展故事、人文历史、招商优惠政策等资源，推出一批有高度、有温度、有情怀的融媒精品力作，制作多部优质招商宣传片。为增强"造血"能力，临夏市融媒体中心通过旗下的临夏市河之舟传媒有限公司，专注于影视广告、宣传片、微电影、纪录片、品牌形象设计、大型活动策划、影视后期制作、栏目包装、音频录制、技能培训等相关经营业务领域，拓展了营收空间。通过长期、广泛、专业化的实践，"河之舟"已汇聚了具有多年实践操作经验的广告创意、专题片拍摄及后期制作团队，聚集了大量行业资源，出品了一系列具有较高美誉度和商业价值的宣传作品，尽力为广大客户塑造完美形象、树立企业品牌提供有价值的服务。

7. 华亭市融媒体中心增强运营实力，提升创收水平

华亭市融媒体中心充分运用"视频＋"的宣传形式，围绕重要节气节点、社会热点进行创作，在主流媒体发挥舆论导向作用中延伸了触角、注入了活力、扩大了效果。在"华亭融媒"抖音账号运营的过程中，华亭市融媒体中心采取日调度、周策划、月总结的工作机制，及时分析平台粉丝数量和日活量，对已发布作品的完

播率、点赞量、评论率、转发量、关注量进行深入分析研究，根据浏览量及点赞量较高的视频把握当下热点话题和粉丝动态。为了能在第一时间发出热点新闻，采取 7×24 小时值班制度，按照抖音用户浏览规律，抓住刷屏时间段分段更新视频内容，粉丝数量不断增加。在开拓营收、进一步增强"造血"能力方面，成立华亭市关陇文化艺术传媒有限公司，通过资源利用最大化、业态经营多元化、管理方式扁平化，以技术优势突出主责主业，以经营收入补充融媒体事业发展经费不足的问题，在改革创新中争取更大的发展空间，实现融媒体事业高质量发展。公司成立以来，抢抓乡村旅游黄金季，聚焦文旅振兴乡村的市场定位，对全市各景区的市场价值进行深度挖掘。按照"乡村旅游"的主题宣传思路，利用短视频、海报、H5 及抖音自媒体传播和线上线下等多种推广方式，结合实际大胆探索和创新，以一流宣传促一流发展，为将华亭各乡村景区打造成全市乃至全省"顶流"网红打卡地提供坚强保证和持久动力。

8. 山丹县融媒体中心产业兴"媒"，欣欣向"融"

自 2019 年 3 月挂牌成立以来，张掖市山丹县融媒体中心应势而动、顺势而为，积极探索媒体深度融合，在做好内容的同时，注重自身"造血"功能的提升，进入媒体融合"建强用好"的下半场，在经营、运营方面勇于改革和创新，逐步实现"增质增效"的良性循环目标。山丹县融媒体中心积极探索新媒体运营方式，强化主流媒体功能，按照"中心 + 公司"的模式，实施"内容 + 技术 + 运营"的战略路径，拓展媒体服务社会途径，注册成立了山丹大众文化网络传媒有限公司，中心与公司资源共享、优势互补，释放出"1+1 ＞ 2"聚合传播效应，探索出了符合新时代县级融媒体中心发展实际的改革创新之路。公司依托"融媒体 + 政务、融媒体 + 服务、融媒体 + 产业、融媒体 + 项目、融媒体 + 活动"等进行业务拓展，借助新媒体的影响力，全力打造"直播经济""短视频经济"，承接全县各类活动直播、宣传推广业务，开设美食探店栏目 1 个，实现了经营收入稳步增长。稳扎稳打、步步为营，山丹县融媒体中心通过"中心 + 公司"改革运营机制，提升社会化服务，"增肌壮骨""自我造血"，为融媒事业健康发展提供坚实保障。

9. 临洮县融媒体中心探索运营新模式，实现融合再突破

近年来，定西市临洮县融媒体中心以"融合创新、内容为王、技术进步、管理

提升、多元运营"为目标，不断探索体制改革，持续探索运营新模式，实现媒体融合再突破、优质内容再提升、服务功能再升级、改革事业再发展，努力创建全省一流县域融媒体。融媒体中心与相关技术开发公司合作，让数字人"临小蝉"在新闻播报、短视频创作、文化旅游推介中充分发挥作用，增强了节目互动性和可视性，吸引了更多对新闻和科技感兴趣的年轻用户，扩大节目受众群体。在 APP 常态化开展慢直播，为融媒体提供了新的内容供给，受到群众欢迎。临洮县融媒体中心顺应县级融媒体可持续发展要求，依托融媒体中心下属甘肃洮水云文化传媒有限责任公司，通过资源资产化、项目市场化运作，以"融媒体＋政务、融媒体＋服务、融媒体＋产业、融媒体＋项目、融媒体＋活动"等为载体进行业务拓展，全力打造直播经济、短视频经济，不断增强自我"造血"功能。

三、任重道远：甘肃媒体融合的问题与瓶颈

多年来，甘肃主流媒体面对舆论环境、媒体格局、传播方式深刻变化局面，朝着"融为一体、合而为一"的深度融合方向稳步迈进。"新甘肃云"目前正在开展三期项目建设，"新甘肃"客户端 7.0 上线、甘肃省新时代文明实践云平台正式上线运行、"奔流新闻"客户端 4.0 正式发布以及各县级融媒体发展中心综合传播力得以全面提升的建设，甘肃媒体融合呈现专业化、信息化与智能化的发展态势。

尽管甘肃媒体融合新政策焕发出融合产品新活力，但在技术变革与时代快速发展的语境下，甘肃媒体融合还面临"通而不开""开而不融""融而不深""深而不合""合而不强"的实际问题。唯有紧跟时代发展之势，立足于实际发展形势，辩证地看待所获得的成果，不断开拓思维与实践，才更有可能把握好机遇，应对挑战。

（一）通而不开，思想观念理念还放不开

传统媒体要在智媒时代重焕生机，需要自上而下的观念转变。在思想认识上，部分采编人员对推动媒体融合发展的重要性认识不足，还没有把推动媒体融合发展上升到高质量发展的高度去理解，导致推动媒体深度融合发展在思想上动力不足。在避免同质竞争、同题竞争方面，还不能从制度层面加以约束，以至于个别媒体仍然存在融合就是几个媒体简单"相加"而非"基因再造"的认识误区，通常以报纸传

统媒体系统为主平台，将稿件传送给网站、客户端，并没有达到真正"相融"。在思维方法上，各媒体之间还不能完全做到"一把钥匙开一把锁"。如何把战略的坚定性和策略的灵活性相结合，在传统媒体和新兴媒体、大众化媒体和专业型媒体的融合上，还需要根据新形势新要求抓准抓好工作的切入点和着力点。在发挥数字化优势推动媒体融合方面，还不能将更多先进、前沿的数字化技术及时应用到新闻宣传等工作中，导致产品样态还不够丰富，融合质效尚不理想。在运营管理方面，还习惯性停留在传统媒体的运营思路上，缺乏移动优先意识，无法以自上而下的观念"融"，来助推传统媒体在智媒时代重焕生机。

（二）开而不融，媒体融合全局性还不够

与全国媒体融合转型较早的浙江、上海、广东等地媒体相比，甘肃媒体对于融合转型的探索一直没有停止，但在顶层设计、平台建设、机制创新、技术研发、资金投入等等各个方面都存在差距，还处于内容生产、内容形态、内容传播创新阶段，尚未触及更深层次的变革。

近年来甘肃的媒体融合，基本是媒体基于自身发展的"突围"式转型探索，缺乏打造新型舆论阵地，增强主流话语权，立足区域发展，服务区域发展的高站位、全局性的布局。全省各级媒体在融合升级方面都进行了各种探索和尝试，但基本处于市场倒逼下的被动转型，缺乏高站位顶层设计、大力度资本投入、大气魄机制创新、突破性技术变革，处于传统媒体已难以为继，新媒体尚没有支柱产品，转型后劲不足的严峻局面。

（三）融而不深，改革创新力度还上不去

体制机制改革力度不足。尽管通过实施创新驱动、技术赋能战略，涌现出一批"技术自强"的典型案例，媒体深度融合取得了积极成效，但着眼未来发展，对标"智媒+"等前沿模式，推动技术创新的力度还不够大，缺少更具突破性、引领性、颠覆性、开创性的新技术研发及应用成果，高效连接用户、触达用户进而创造现象级传播的能力亟待提高。融媒产品形式略显单一。推动媒体融合发展的成效，最终要通过全媒体产品的质量来体现。经过不断探索，甘肃融媒体发展形成了前后端协同联动、一体发展、集约高效的内容生产体系和全媒体传播链条，内容生产能力持续提高、品类愈发丰富，但是在全媒体产品形式上，以"文图稿件＋一图读懂或海

报产品 +H5 或短视频产品"为主的"老三样"居多，具备传统纸媒特性的品牌栏目实现可视化表达的模式还不够成熟。

（四）深而不合，复合人才根基还撑不住

人才是发展的第一资源，也是推动媒体深度融合发展的有力支撑和核心要素。近年来，甘肃媒体融合遭遇人才困境，人才引进较难、人才流失、现有人才活力不足等并存。首先，存量人才结构"先天不足"，全能型人才存在缺口。从实际情况来看，全省融媒体采编能力尚无法满足不断升级的用户需求，尤其是采编队伍中采写能力或编辑能力等专项能力较强的人才居多，而同时具备"采、写、摄、编、播"多项技能的复合型人才存在缺口。有的媒体由于人才奇缺，新媒体发展技术支撑全部交由第三方技术公司，受制因素很大，时效性和质量都不尽如人意。其次，人才招引机制有待完善，高端人才引进较难。目前，熟练掌握新型产品创意制作、前沿技术研发应用等技能的人才缺乏。人才招聘以传统社会招聘为主，在灵活招引以及薪酬激励、成长空间等方面，对高端人才的吸引力明显不足，还需要进一步加大改革创新，激活体制机制。再次，由于机制待遇等原因，优秀人才流失严重。

（五）合而不强，持续营利机制还未形成

受互联网新媒体的冲击，传统媒体的广告业务断崖式下滑，收入锐减，特别是近年经济下行压力增大，传统媒体转型发展资金严重短缺，空有好的创意无法实施，原有资金渠道已无法满足媒体融合的持续投入。当下，媒体生存压力较大。一是资金短缺成为制约媒体融合发展的"头痛事"。主要表现在媒体融合的公共平台建设、基础设施升级等方面都需要充分的资金支撑，有些方面虽有财政支持，但和巨额的资金需求比较起来只是杯水车薪。二是政府财力支持媒体融合发展的制度化措施缺失，吸纳社会资本进入传媒的政策性规定不完善，媒体受体制机制的制约大，风险高，不敢轻易涉足融资。三是传统媒体经营收入断崖式下滑，新媒体营收模式未形成，媒体既要坚守阵地，又要发展融媒体，长期陷入捉襟见肘、自顾不暇的窘境。

四、技术赋能：媒体融合高质量发展的机遇

媒体深度融合已被纳入《中华人民共和国国民经济和社会发展第十四个五年规划和 2035 年远景目标纲要》，新兴技术全方位嵌入媒体发展，数字经济与供需关系推进产业结构调整，这些社会动向都在不同程度上为未来的主流媒体发展提供助力。

（一）政策引导成为媒体融合的助推器

2014 年，《关于推动传统媒体和新兴媒体融合发展的指导意见》中"着力打造一批形态多样、手段先进、具有竞争力的新型主流媒体"；2016 年，《中华人民共和国国民经济和社会发展第十三个五年规划纲要》提出"推动传统媒体和新兴媒体在内容、渠道、平台、经营、管理等方面深度融合，建设'内容＋平台＋终端'的新型传播体系，打造一批新型主流媒体和传播载体"；2018 年 11 月，《关于加强县级融媒体中心建设的意见》，指明了县级融媒体中心建设的基本思路；2020 年 9 月，中共中央办公厅、国务院办公厅印发的《关于加快推进媒体深度融合发展的意见》从重要意义、目标任务、工作原则三个方面明确了媒体深度融合发展的总体要求，为各级党委和政府从体制机制、政策措施、流程管理、人才技术等方面加快媒体融合步伐指明方向；2021 年，《中华人民共和国国民经济和社会发展第十四个五年规划和 2035 年远景目标纲要》提出"推进媒体深度融合，做强新型主流媒体"；2022 年，中共中央办公厅、国务院办公厅印发的《"十四五"文化发展规划》进一步明确了中央、省级、市级、县级媒体建设目标，要求进一步加深媒体融合，在全媒体传播体系建设中，加强顶层设计，注重总体布局，强化整体推进，构建网上网下一体、内宣外宣联动的主流舆论格局。就新型主流媒体的规划脉络而言，从"打造"到"做强"，一方面是对培育引导力度的重视和重申，另一方面也是对新型主流媒体发展现状的梳理与前瞻；2023 年 2 月，中共中央宣传部新闻局和国家广播电视总局科技司联合发布《市级融媒体中心总体技术规范》，这套规范与 2019 年颁布的《县级融媒体中心建设规范》形成了呼应，使整个融媒体中心建设在技术系统方面形成了规范统一，为下一步做好省、市、县的三级系统建立保障机制。中国共产党第二十届中央委员会第三次全体会议通过《中共中央关于进一步全面深化改

革、推进中国式现代化的决定》,《决定》明确提出,要"加快适应信息技术迅猛发展新形势""构建适应全媒体生产传播工作机制和评价体系,推进主流媒体系统性变革""优化文化服务和文化产品供给机制""探索文化和科技融合的有效机制,加快发展新型文化业态",这些系统化部署,为进一步深化改革、深化媒体融合、实现高质量发展指明了方向。

从现阶段的国家战略、行业布局到地方推进来看,政策引导已经成为我国媒体融合发展的重要推动力,政策逻辑在我国媒体融合发展中的作用愈显突出,积极把握政策红利,对推进媒体融合高质量发展至关重要。

(二)技术要素成为媒体革新的加速器

5G、大数据、人工智能、区块链的发展,不仅加速了社会的数字化进程,也深刻改变了传媒环境,"两微一端""中央厨房""云平台""数据中台"等媒体创新模式发展的背后都离不开新兴技术的支撑,[①]信息基础夯实、传播环境改善、内容变革创新以及传播渠道拓展等各个环节都有新技术的赋能。

1.5G 技术支持下的沉浸式用户体验

沉浸式新闻是基于沉浸传播生态系统,以"第一人称"视角让观众或用户产生身临其境之感,其常见形态有 VR 视频、360 度全景视频等。早在 2015 年,人民日报全媒体发布了"9·3 阅兵"VR 全景视频,网民通过智能手机或电脑便可身临其境地感受现场振奋人心的盛况,也拉开了主流媒体应用 VR 技术的帷幕。2016年,中央电视台综合频道、新闻频道并机播出《筑梦天宫》特别节目,通过虚拟追踪技术、VR 全息技术、AR 现实增强技术逼真地演示了神舟飞船升空画面,向观众沉浸式展示了飞船内部结构。不过,在这一阶段,鉴于虚拟现实技术的发展还存在局限,虚拟现实 + 融合媒体的应用空间还有待进一步挖掘。技术日新月异,应用全面落地,媒体在虚拟现实领域的应用蓬勃发展。多种技术不断融合,AI+VR裸眼 3D 超高清电视制作技术,通过 VR 渲染引擎,在 LED 屏幕上可以实时呈现动态虚拟场景,打破传统抠像技术限制,实现虚拟空间与现实世界的无缝衔接。在2021 年中央广播电视总台春节联欢晚会上,VR 直播成功实现了三维影像和三维音

[①] 梁馨予:《新媒体与传统媒体的差异与融合路径》,《视听》2023 年第 6 期,第 156—158 页。

频的完美融合呈现。2023 年杭州第 19 届亚运会上，场馆内在多个角度部署了超高清 VR 全景相机，观众通过 VR 头显设备或者移动手机端的专用 APP，能够自主选择观看角度，突破空间限制，以第一视角获得身临其境般的观赛新体验。

2. 虚拟数字人推动宣传生态智慧化转型

自 2018 年中央电视台推出虚拟数字人主播"康晓辉"以来，各类虚拟主持人、虚拟主播、虚拟文化推广人等数字媒体人形象如雨后春笋，纷纷涌现。当前，媒体的虚拟数字人是基于元宇宙真人驱动模型下的数字人，相较于真人，数字人在元宇宙传播过程中存在的隐患很低，不仅不受人设崩塌对信息传播效果的影响，而且管理成本也比真人低，所以元宇宙虚拟数字人被广泛应用在媒体数字人的新闻报道中。中央广播电视总台（CMG）、湖南广播电视台、浙江广播电视集团等 10 余家广电融媒体机构已开展或计划开展虚拟数字人主播业务，如 CMG 有"AI 王冠"，湖南卫视有"小漾"，浙江卫视有"谷小雨"，北京卫视有"时间小妮"等。有近 40 家地市级广电发布虚拟主持人形象或数字人计划，如苏州广播电视集团"苏小新"、江西广播电视台"小燕"、广西卫视"小晴"等。从知名主持人虚拟分身到二次元偶像，再到真假难辨的高精度 3D 超写实数字人，数字员工日益成为传媒行业新生产力，助推我国新闻传播生态走向智能化、数字化。2022 年 6 月 3 日，"谷小雨"首次亮相于音乐综艺，引起极大反响。在后续发展中，浙江卫视将使"谷小雨"与宋韵文博场馆、文旅地标、数字应用等场景进行深入融合，形成融媒传播新场景、新未来。中央广播电视总台（CMG）研发的数字虚拟主播"小 C"已连续 3 年在两会报道中亮相，并在《中国神气局》中与全国人大代表、各领域专家学者同框交谈，分别就当时各类大热的科幻与科技、人工智能等话题展开讨论。

3. 元宇宙构建与形塑新闻传播新业态

元宇宙是在整合多种新技术基础之上产生的虚实相融、虚实共生的全新互联网应用和全新社会文明形态。我国广播电视媒体积极抢占元宇宙赛道，形成广电媒体深度融合发展新业态。从芒果幻视到芒果幻城，湖南广播电视台形成虚拟综艺、沉浸式游戏、虚拟社交三大板块，芒果正在凭借自主可控技术探索一条元宇宙赛道中融媒体转型的全新发展路径。河南广播电视台"大象元"元宇宙平台纳入全息投影技术、三维制作、大空间定位、动捕系统、CAVE 成像等多项前沿技术，正在探索广播电视媒体如何转型升级。2024 年的春晚大量运用了 XR（扩展现实）+VP（虚拟制作）技术，是融合了各种沉浸式互动技术的"元宇宙"舞台，展现了虚实交融且震撼人心的艺术效果，如动画版的李白与数字化的熊猫花花携手跨越时空，为用户带来了与众不同、前所未有的春晚体验与文化场景。

以往 5G、大数据、人工智能、区块链技术局限在采集、制作、分发和反馈等环节，未来的人工智能将在算力、数据、算法等新基建的支持下，广泛分布在主流媒体的新闻生产、平台搭建、交互布局、产业拓展以及版权保护、社会服务等全方位领域。未来一段时间，媒体融合将呈现移动化、数字化、智能化发展趋势，与技术结合是媒体深度融合的必经之路。

（三）产业环境成为媒体转型的稳压器

数字经济将驱动新型主流媒体由数据化向数字化转型。数字产业化和产业数字化的经济发展趋势在一定程度上也影响着传媒产业发展，主流媒体应该拥抱数字化趋势，加快数字化转型，推进传媒产业融入数字经济整体进程中。一是要实现内容数字化，这与我们传统意义上讲的将内容资源简单变成数字化、网络化内容不同，而是要利用大数据将媒体内容资源进行系统整合、精细分类、算法优化，推进内容生产与分发的便捷智能；二是要实现用户数据化，同样是利用大数据进行用户画像与用户细分，精准定位用户需求，实现高效分发，提高传播效果；三是将媒体的多样资源作为营利要素进行产业输出，主流媒体的内容、策划、服务等优势资源是其他产业所不具备的，数字经济将进一步破除产业边界壁垒，推进传媒跨行业合作，因此要利用数字经济的优势不断提高自身资源的经济价值和社会价值。

供需结构将推进新型主流媒体平衡供给侧与需求侧。中共中央政治局会议提出"要扭住供给侧结构性改革，同时注重需求侧改革""形成需求牵引供给、供给创造需求的更高水平动态平衡"。对于媒体而言，内容为供给侧，用户为需求侧。媒体的内容产品作为产能的表现，与用户的多样化需求形成传媒的供需结构。虽然多年来我国媒体以内容创新为驱动力生产出了一大批爆款产品，但是在面对需求多样化、生产垂直化、传播精准化、消费场景化的互联网消费市场，主流媒体提供的融媒体产品仍然无法很好地满足用户需求。此外，政府、企业、社会机构等新兴需求也将驱动媒体供需结构和产业布局的多元调整。因此主流媒体未来要在内容生产、用户需求、营利模式、产业融合等方面把握好供需关系，这对于提升全媒体传播体系整体效能来讲更是一种市场化机遇。

五、多元融合：全国媒体深度融合的经验与做法

新技术的发展，网络传播生态更具多元属性。全国媒体融合已经很大程度上实现了从"＋互联网"到"互联网＋"的转变，体现在多元化、全方位、各层次的融合，在协同推进、技术应用、内容出海等方面取得了一定成效。

（一）纵深融合：各级融媒体中心协同推进

面对顶层设计方面的细节化布局，技术推动和舆论生态等多方因素共同影响全媒体传播体系构建，中央、省、市、县的四级媒体融合布局持续纵深推进，从早期的媒介形态相融、组织结构转型，逐渐与国家整体战略体系相融，并不断拓展其边界，以四级融媒体中心结构为基础，在技术、内容、机制等多重维度下创新发展。2023年，中央和省级融媒体建设持续稳步推进，主动承担主流价值观引领工作，实施精品化策略，推出系列优质产品。杭州亚运会期间，"央视频"推出《不一young 的杭州——亚运航家》《乘着大巴看中国·杭州站》等融媒体节目，结合不同平台特征，形成具有强传播力的视觉符号，对外推动中国文化走出去，对内强化意识形态建设，同时也为中央和省级媒体开拓了线上线下联动的传播新空间。地市级媒体作为上一年度重点关注的对象，"腰部塌陷"问题已被逐渐弥合，依托其资源禀赋，大力创新出优，在用户覆盖、社会影响等方面均获得显著提升。以华东地区为例，该地区地市级广播电视媒体在抖音、微信公众号等平台开设账号的比例均接近或超过90%，已经构建起较大范围的用户覆盖网。地市级媒体充分依托新媒体平台应用，形成覆盖全面、内容丰富的传播矩阵，增强媒体声量。县级融媒体中心建设持续稳步推进，同时还涌现出诸多成果显著的县级融媒体中心建设典型，比如福建省尤溪县融媒体中心、浙江省安吉县融媒体中心等。

（二）技术融合：综合运用新媒体技术

综合应用人工智能、5G、元宇宙、大数据、云计算、VR、AR、H5、物联网、区块链等信息技术成果，以新技术引领媒体融合发展，驱动媒体转型升级，充

分展现了技术融合。[①] 如新华社的融媒体产品《高精度复刻 | VR 全景看新时代之美》综合使用了精度复刻、全景漫游、VR、H5 等技术手段。中央广播电视总台的《解码十年》，使用了卫星遥感、地理信息还原、航空测绘、倾斜摄影和三维建模等技术，加深了报道的沉浸感，提高了传播率。红网（湖南省委、省政府重点新闻网站和综合网站）打造了"元宇宙"新闻直播间，推出《总编辑面对面》专栏，运用"5G+AI+ 数字人动作捕捉 +AR"技术，实现场景化体验。

　　技术融合还体现在技术赋能新闻生产的各个环节，提高媒体内容生产效率、创新内容表达形式，如人工智能技术的广泛运用。人民日报社在采编环节使用了人工智能视频制作平台"AI 编辑部 2.0"和"智能创作机器人"。中央广播电视总台创新推出《AI 描绘 110 万字外媒报道里的未来中国》，运用多模态大数据技术，借助 AI 绘画直观呈现美国、英国、印度等不同国家和地区受众眼中的"中国式现代化"。很多主流媒体还使用了 AI 数字人、AI 主播等技术手段创新传播方式，实现全天 24 小时不间断播送新闻，如新华社的"AI 主播读新闻"，北京广播电视台的"AI 数字人对话党的二十大代表"等。

　　2023 年，"AIGC"成为新闻生产热词。技术变化速度逐年加快，应用范围更加广阔，形成了人机共生的媒体融合新局面。"AIGC"指人工智能生成内容，是在人工智能算法帮助下创建的内容。当前最具代表性的 AIGC 应用是 OpenAI 基于 Transformer 架构开发的自然语言处理模型 ChatGPT，以"对话 + 创作"为基础的生成式人工智能技术展现出对传播生态的颠覆性力量。早在 2018 年，新华社就以具备 AIGC 模式的"媒体大脑"在 15 秒内创作了首条视频新闻，2022 年末 ChatGPT 发布之后，更多主流媒体开始入局 AIGC 生产模式，寻求利用 AI 模型获得媒体融合的突破性窗口。中国日报从 2023 年 1 月底开始，便推广、鼓励从业者使用 ChatGPT 等工具，为主要采编人员配备 ChatGPT 账号，用于将记者从机械化任务中解放出来，实现生产效率最大化，并以"双重内嵌式"模式将 ChatGPT

①《〈虚拟现实与行业应用融合发展行动计划（2022—2026 年）〉解读》，载中华人民共和国中央人民政府网，2022 年 11 月 1 日，https://www.gov.cn/zhengce/2022-11/01/content_5723274.htm，最后检索日期：2024 年 3 月 5 日。

等人工智能工具与媒体体制机制改革有机结合，形成具有更高生产力的新媒体生产范式。湖北广播电视融媒体新闻中心、贵州广播电视台等 10 多家媒体也将百度推出的 AIGC 应用"文心一言"纳入其新闻生产流程，以人工智能技术提升媒体产品质量。2025 年，在 AI 技术迅猛发展的当下，DeepSeek 作为专注于 AI 技术研发的创新力量，成为业界广泛关注的话题。AI 技术正在重塑媒体行业的价值链条。传统媒体"内容—渠道—受众"的线性传播模式，正在向"数据—算法—场景"的智能生态转变。公开资料报道，DeepSeek 采用了低成本、高效能的创新路径，实现了"花小钱办大事"的效果。DeepSeek 的这种轻量化、高效化的数智化技术路径无疑具有巨大的吸引力，它不仅降低了进入门槛，加速了其数智化转型的进程，为行业的可持续发展注入了新的活力，而且通过轻量化技术嵌入、模块化系统改造、智能化流程重塑，为媒体融合构建起一套适配传统媒体基因的柔性转型方案。从媒体融合的角度而言，相对体制机制融合，DeepSeek 更是直接涉及人的融合，是媒体融合从上层建筑到具体个人的直接下沉，可以直接调动和激发个人的积极性。

（三）区域融合：不同区域媒体积极合作

不仅是中央级媒体，省级媒体也开展了丰富的媒体融合实践。不同区域的省级媒体积极合作，利用新的媒体平台，实现新闻报道的跨区域传播，扩大传播范围，增强传播效果。由《海南日报》《河北日报》《北京日报》《重庆日报》等全国 12 家主流媒体网络平台联动推出的 H5+ 短视频作品《共织"锦绣山河"》，以 12 种各地的织绣技术为主体，串起了锦绣河山、美好生活、文化传播的主题。五省联动的《江山秀美绿意浓——看！珍稀动物的家园"秀"》，以每个湿地独特的珍稀动物为主角，用一场展示秀的方式，展现白洋淀、青海湖、洞庭湖、滇池、黄河口湿地的生态环境变化。《广西日报》联合《云南日报》开展"聚焦改革创新共奋进"为主题的党媒联动报道。贵州、四川、云南、西藏、陕西、青海、宁夏、新疆等省区党报，以共话"在新时代西部大开发上闯新路，推进西部大开发形成新格局"为主题展开联合报道。此外还有五省联动的《团结奋斗推进共同富裕》、四省联动的《"绿色名片"里的中国经验》等多个不同区域媒体融合的作品都引起了广泛关注。

（四）治理融合：短视频监管力度加大

媒体融合发展至今，短视频行业增长速度逐渐放缓，从早期爆发式增长转向当下的高质量发展，进入存量优化、提质增效的新发展阶段。在此基础上，我国广电融合力度逐级深入，面对目前出现的短视频乱象，监管强度和广度也正在提升。2023年12月5日，中央网信办发布《关于开展"清朗·整治短视频信息内容导向不良问题"专项行动的通知》，针对短视频传播虚假信息、短视频展示不当行为和短视频传播错误观念三类不良短视频信息内容展开整治。各地广电机构也纷纷聚焦精品内容生产，在网络监管、媒体组织结构等方面出台新举措。具体而言，北京市广播电视局提出"推动网络微短剧业态高质量发展"，发布北京大视听·网络微短剧"首亮微光"扶持计划，打造优质网络微短剧项目。山东省广播电视局提出要"扎实推进县级融媒体中心高质量发展"，开展专题调研和培训，丰富县级融媒体中心的内容供给，推动县级融媒体中心与有线网络有机合作。陕西省广播电视局多措并举推动精品创作，以做强扶持引导、做优服务保障、做深影视化转化、做实调查研究等手段实现优质内容产出。此外，河北、黑龙江、湖北、江苏、西藏等多省（区）广电机构均推出相关政策，以提升广电业务实力，打造清朗的融合生态。

（五）内容融合：政策宣传与服务民生的融合

媒体融合有显性和隐性之分，内容的融合属于隐性融合。在主流媒体的重大主题报道中，常规的理论政策宣传和民生话题融合在一起，不仅是主题上的融合，还有叙事手法的融合和报道理念的融合。政策宣传与服务民生的融合具体表现为传播内容的故事化和情感化，采取了受众更容易接受的内容呈现方式。

讲好中国故事是媒体应有的责任担当。故事带给人们的是图像化、形象化、情节化的记忆，比单纯道理易于理解，更能让人记得住、记得牢。习近平总书记在党的新闻舆论工作座谈会上指出，讲故事就是讲事实、讲形象、讲情感、讲道理。主流媒体在重大主题报道实践中，以具体的细节、主题、符号、形象等为载体，生动讲述了中国发展的动人故事。如融媒体产品《我们这十年》分为中国跨度、中国精度、中国高度、中国深度、中国力度、中国速度六个主题和角度来展现十年来的重大成就。《新千里江山图》以中国名画《千里江山图》作为叙事载体，《新时代之声》《回声》则以"声音"作为主题。人民日报微信公众号上推出的滚动长图《这也太浪漫了！》，以"浪漫"作为主题词，通过一系列细节讲述，从日常生活中的浪漫到政治生活的浪漫，再到最后引出主题"党的二十大绘就蓝图，为了更加美好的中国，我们一起努力"，生动讲述了中国人的浪漫，升华了主题。

情感化转向是新媒体时代新闻传播领域的重要现象和议题之一，尤其在社交媒体平台，情感是沟通交流的纽带。在这种趋势下，主流媒体利用情感因素讲好中国故事，侧重对受众情绪的唤起，挖掘共通的情感，增强传播效果。新华社融媒体产品《近镜头·温暖的瞬间》，精心选取了党的十八大以来，习近平总书记治国理政的精彩瞬间，讲述每一张照片背后的民生故事，温暖的情感引起受众的情感共鸣，深入人心。

（六）形式融合：不断创新报道形式

报道形式的融合首先体现在不同报道形式的综合运用。主流媒体不断创新报道形式，微视频、微电影、创意MV、动画、Vlog、长图、动图等新形式被广泛运用在重大主题报道中。其次，报道形式的融合具体表现出"轻量化"的传播特点。"轻量化"传播是传播内容的"轻量化"呈现，是通过凝缩内容体量、优化传播内容，提升信息触达率与传播效果，也是新媒体传播形式对传统媒体报道形式产生影响的结果。

"轻量化"传播是重大主题报道在新媒体时代做出的适时改变，主要表现为以下几个方面：在报道篇幅上，文章变短，内容体量变小，呈现出碎片化、微段落化的特点；在报道视角上，微观化视角的报道增多；在报道风格上，文风偏活泼，新闻语言运用了一些生活化、口语化的语言；在叙述方式上，打破刻板宣讲的模式，尝试进行故事化的写作；在新闻呈现方式上，大量运用图表、图片、一图速览、海报、拆条短视频等可视化报道的形式。

如《人民日报》在全国两会报道时大量运用了关键词解读、对话体、名言体、简短观点式等形式。《农民日报》推出了"三农微评"短视频栏目。人民网推出了"二十大·微观察""百秒说·非凡十年""时习之｜微镜头"等，短小精悍，突出一个"微"字，时间短、角度小、形式新。

六、融以致远：甘肃媒体融合的优化策略

作为国家战略的媒体融合在甘肃的实践，出现了诸多亮点，也出现了一些在全国范围来看都具有价值的探索，但对照《关于加快推进媒体深度融合发展的意见》，

甘肃的媒体融合依然任重道远，亟须突破瓶颈和困境。新的发展阶段，甘肃需打造出具有强大传播能力的新型传播平台，持续有效推进媒体融合高质发展。

（一）突破观念瓶颈，用足用好政策红利

媒体的融合之难，首先难在思想观念的突破。近年来甘肃媒体融合发展的内驱力主要来自两个方面：一是自上而下的政策导向，二是传媒格局的深度调整。许多媒体人对于自身天然的体制优势存在依赖心理，认为体制总会给所在媒体的生存发展提供庇护，因此，总体上自我转型的动力明显不足。无论是运行时间较长的省级媒体、市级媒体，还是新建成的县级融媒体中心，这样的认知都根深蒂固，这对于媒体深度融合发展无疑是一种掣肘。也正因如此，尽管主流媒体在机构、技术、平台等方面都发生相当程度的变化，但在传播力和影响力上依然还有诸多不尽如人意之处，尤其是对新媒体用户难以形成精准的、深度的引导力。认知上的惰性说明，尽管媒体融合推进多年，但依然有部分媒体人缺乏互联网意识和用户意识，对于挺进互联网这个主阵地缺乏内生动力，对于由媒体主导向用户主导的路径转型亦缺乏有效手段。观念上的瓶颈既来自对传统媒体黄金时代的沉迷，亦源于对媒体转型融合发展这一战略部署的政治性认识不足。优化传媒结构、规范传媒秩序、打造现代传媒是媒体融合发展的当务之急。如何打造？关键还是要在观念上实现传统媒体向现代传媒的深度转型。当前的媒体融合发展是保障政治安全、文化安全和意识形态安全的国家战略安排，绝非仅着眼于具体的传媒机构的机构调整和编制调整，这一认识需要在推进媒体深度融合发展的过程中不断予以加深，提高政治站位、强化政治自觉、提升政治能力。同时，还应当确立打好媒体融合发展持久战的共识：媒体融合不是一朝一夕的阶段性战略，伴随社会运行和社会治理的高度媒介化，中央、省、市、县四级新型主流媒体将成为国家治理体系和治理能力现代化的传媒支撑，这样的使命和职责是长期的、持久的。主流媒体人须有这样的紧迫感，"主流"不仅仅是体制意义上的命名，更为重要的是要在传播格局、传播体系、传播能力上发挥主导作用。媒体融合列入国家战略这一政策红利，主流媒体只有将其用足用好，方能守正创新、不辱使命。

（二）强化"受众"概念，坚持以人民为中心的内容生产

习近平总书记指出："要树立以人民为中心的工作导向，把服务群众同教育引

导群众结合起来，把满足需求同提高素养结合起来，多宣传报道人民群众的伟大奋斗和火热生活，多宣传报道人民群众中涌现出来的先进典型和感人事迹，丰富人民精神世界，增强人民精神力量，满足人民精神需求。"这一论述是做好新时代党的新闻舆论工作的必然要求，同时也是媒体融合的发展方向。

首先，媒体融合要从引领人民群众主流价值观的角度出发，把握好舆论引导的主旋律。我们要建设的融媒体中心是党和政府服务人民的文化平台，是联结党中央与人民群众的"桥梁"和"纽带"，也是国家治理体系和治理能力现代化的重要阵地和环节，在引导舆论方面具有重要作用。因此，推进媒体融合应坚持以人民为中心的工作导向，各大主流媒体要提高站位、明确定位，做好舆论引导，积极回应人民群众的价值判断与道德选择，帮助群众在大是大非面前澄清谬误，辨明是非，营造良好的舆论氛围，全面彰显媒体融合进程中"以人民为中心"的价值取向。

其次，媒体融合要在积极适应融媒体发展新常态的同时，紧紧抓住内容建设这一根本，主动满足新形势下人民群众对信息内容的接受习惯和多样需要。习近平总书记指出，媒体融合发展要"以内容建设为根本、先进技术为支撑"。这就要求在媒体融合实践中，要明确每个阶段的工作重心，真正用人民群众喜闻乐见的形式，将主流价值观念传播到群众心中，充分践行以人民为中心的发展思想。一方面要明确群众所需，转变话语体系，创立与用户链接更紧密的媒体形态，提升融合新闻的生产能力，满足群众多元化的信息需求。另一方面要注重时政、民生类新闻的报道，扎根群众，站在百姓立场，采取平民化表达，表现亲民特质，反映人民的希望和要求。此外，还要按照全方位开展"媒体服务、党建服务、政务服务、公共服务、增值服务"等业务要求，建立融合传播矩阵，打造融合产品，积极探索"新闻＋政治＋服务＋文化"的业务，全方位、多层次地满足人民群众的信息需要。

（三）培育发展新动能，加大新技术在融媒体中的应用

新兴和前沿技术，是全媒体时代推动媒体深度融合发展的"支撑底座"。一是要进一步加大技术创新和研发应用力度，聚焦元宇宙、人工智能等前沿技术攻坚发力，形成创新成果，为推动媒体深度融合发展提供"科技支撑"，助力"数字传媒"建设。要以技术创新为要，点燃数字化新引擎，深挖技术潜力，发挥技术优势，鼓励技术创新，优化技术团队，努力营造尊重技术人员、重视技术研发的浓厚氛围。

要积极顺应万物互联趋势，集成运用新技术，打造多样态新媒体产品，推动传播路径创新、宣传质效破圈。二是培育产品创新新动能。强化数字化思维，持续加大全媒体新闻产品创新力度，推动 AI、AR、VR、全息影像等先进数字技术在内容生产领域实现更广泛、更新颖的应用，通过"元宇宙 + 智媒体"等方式，打造智能全媒体传播新生态，推动以"文图稿件 + 一图读懂或海报产品 +H5 或短视频产品"为主的"老三样"提档升级为以新兴技术为核心的"新花样"，丰富全媒体产品样态，精准满足用户需求。要聚焦"可视化"，坚持以内容创新为根本，传承和发扬传统优势品牌，实现自有品牌与可视化表达双向赋能。要通过可视化手段，让文字"立"起来，让版面"活"起来，让视频"优"起来，让场景"靓"起来，让数据"深"起来，让机制"融"起来，高位高效、协同协调推进"融媒强报"。三是培育模式创新新动能。融媒时代，"新闻 + 政务服务商务"模式不断完善、深化，媒体融合发展的"新空间"愈发广阔。而新媒体传播方式的引入，有效加深了城市形象宣传推介的广度、深度、热度和速度。媒体的深度融合，离不开模式创新，更需要产业化布局。

要充分发挥各方优势，从"数字报业"建设、"电商直播 +"、舆情服务、智库建设、大数据运用等方面着手，加大"新闻 + 政务服务商务"模式创新力度，深度参与社会治理，拓展媒体融合发展成果应用运营和流量变现空间，更好地开拓市场，缓解媒体融合发展资金不足的问题。围绕建立可视化协调机制，尝试与高校、高科技企业等开展共建合作、项目研发，推动融媒技术成果转化，有力赋能"数字甘肃"建设、文明城市创建、电商之城建设以及城市管理等工作。

（四）打破壁垒借鉴经验，实现各种资源互融互通

媒体融合向纵深发展需要设法实现互融互通，这一过程对技术的整合极为关键，因此媒体需要整合自身资源、创新关键机制，进而实现内容、资源共享及人员互通，真正做到新老媒体的同频共振，由此开展的媒体融合纵深发展需要关注指挥、调度、协调的统一，具体可从以下三方面入手。一是打破部门壁垒。基于发展需要，媒体需要针对性地建设融媒体运营、编辑、采访等部门，这一过程需要彻底打破传统部门壁垒，以实现部门间的优势互补、科学衔接，进而打造新闻生产的一体化格局。二是创新考核体系。考虑到新媒体的特殊性，媒体融合纵深发展应聚焦

考核体系创新，如将稿件传播效果、范围纳入考核，激励和引导各岗位人员真正形成融媒体思维，进而开展高质量新闻生产。此外，还需要聚焦配套机制的建立健全，如效果反馈制、总编协调制等，进而打造全媒体融合、全流程贯通的新闻传播体系。三是深化平台融合。媒体融合向纵深发展离不开融媒体中心的支持，相关媒体需在建设融媒体中心的过程中聚焦对信息采集、加工、发布平台的建设，同时探索新媒体技术和内容合作机制，设法对各类平台信息、各地记者进行汇聚，以此加工相关素材，相关传播可基于各类新老媒体渠道灵活进行，传播形式自然能够以此充分创新，更好适应融媒体时代。四是借鉴其他省份经验。借鉴先进省份在内容创新方面的做法。注重原创内容的生产，打造具有地方特色的品牌节目和栏目。同时，加强跨媒体、跨平台的内容共享与协同创作，形成多媒体融合传播格局；学习先进省份在体制机制改革方面的经验。通过整合媒体资源、优化组织结构、完善激励机制等方式，推动媒体融合向纵深发展。同时，加强与其他省份的交流与合作，共同探索媒体融合发展的新路径。

（五）提升"甘肃声音"的强度，做大主流媒体传播能级

新闻宣传是党媒的核心使命。能否以更高的层次和更深的内涵来讲述"甘肃故事"，发出大声量的"甘肃强音"，是检验媒体深度融合成果的关键指标。我们需要以系统的思维、平台化的策略和聚合的能力，来强化媒体平台的新优势，构建一个覆盖全市、全省乃至全国、全球的新型传媒平台矩阵，以全省为根基，辐射全国乃至全球。一是加大力度推动"新甘肃"客户端在平台、机制、人员方面的综合改革与提升，确保主流媒体在信息传播的主战场上发挥引领和主导作用。形成全省范围内协调一致、同频共振的宣传格局，为增强主流舆论的影响力提供坚实支撑。二是深入挖掘甘肃的自然美景、历史底蕴和民俗特色，创作出更多符合国际传播规律的精品力作，如《云赏敦煌》《China Gansu Show》等，展现中华文化的博大精深和甘肃文化的独特魅力。让"交响丝路、如意甘肃"这一品牌在全国乃至全世界范围内广为人知，引起广大受众的共鸣，向世界展示真实、立体、全面的中国故事和甘肃故事。三是加强甘肃国际传播中心的建设，提升其在平台、渠道、内容及队伍建设方面的水平，实现多平台联动、多渠道传播，推动甘肃声音在国际舞台上的广泛传播。不断完善省、市、县三级外宣英文网站体系，扩大主流媒体在海外社交媒

体上的影响力，提高外宣全媒体的质量，全面提升国际传播效能，让甘肃的声音传得更远、更广、更深入。

（六）保持"开放包容"的温度，聚合八方英才释放创新活力

激发人才培育新动力，是推动媒体深度融合发展的关键所在。一、人才活力是媒体发展的核心驱动力。一方面，应以实战为磨砺，深化"走基层、转作风、改文风"活动，培育融媒体工作人员为民服务的情怀。鼓励采编人员深入一线，贴近群众，增强脚力、眼力、脑力、笔力，提高工作效能，为新闻舆论工作注入源头活水。另一方面，要以培训促进成长，精准有效地开展"点单式"培训，创新培训方式，选派年轻人才到先进媒体锻炼，为他们快速成长搭建新平台。二、高端人才的引进是媒体发展的关键。无论是技术研发还是全媒体采编，都需要高端人才提供有力支撑。应设立技术研发和全媒体采编等领域的"试验田"，吸引紧缺型人才，探索"候鸟式引才"模式，提供有竞争力的薪酬和成长空间，吸引更多高端人才加入，为媒体深度融合注入新活力。三、正向激励考核机制是推动媒体深度融合发展的重要因素。应优化考核体系，树立鲜明导向，完善绩效考核和奖惩机制，营造崇尚技术、鼓励有为的良好氛围。通过考核评价的引导，激发各岗位人员推动媒体深度融合发展的动力。四、组建高水平智囊团。融媒体中心要持续发展，就要建设媒体智囊团（工作室）队伍。主要人员由高校的媒体研究团队或教授、媒体大 V、媒体高层管理人员等组成，每年对队伍优化并进行调整补充。智囊团犹如中枢大脑，研判市场发展方向，及时调整融媒体研发内容。可以定期或不定期举办论坛，对重大问题进行研讨，对员工进行实时和应时培训。五、实施岗位比武和练兵，强化"造血"功能。打破按部就班的工作模式，在工作全程贯穿岗位练兵的理念和方式，分阶段实施、分步骤开展，定期评估，让每一个人"充电""造血"，得到锻炼和成长，从而提升和发展。

（七）统筹社会效益和经济效益，着力破解媒体平台营利难题

媒体融合不论怎么发展，首先要把握好媒体平台意识形态属性和产业属性、社会效益和经济效益的关系，始终坚持社会主义先进文化前进方向，始终把社会效益放在首位。强调社会效益，并不是说经济效益可以忽略不计，从可持续发展来看，经济效益是重要支撑。

媒体深度融合后需根据自身特点和市场态势进行多元化营利布局。一是向内挖潜，提高生产效能。融合后，媒体的生产流程、生产要素、生产协同等方面都得到不同程度的优化，可在此基础上着力盘活存量资源，提高生产效率。比如，主流媒体拥有大量用户数据，但这些数据多处于"冬眠"状态。在数字中国建设的大潮中，用户数据开发利用必将为媒体带来可观的经济效益。再如，针对特定的内容生产，融合后的媒体平台可采取灵活多样的项目制，面向全员公开征集，选择最优人员组合，调用最适配资源，做好成本管理，高效完成内容生产。项目结束后，相关人员回到原来岗位。二是向外拓展，打开营利空间。媒体特别是融合后的平台化媒体应借鉴学习商业平台的一些成功经验。商业平台除了分发信息，还具备较强的通信、社交、电商、本地服务等功能，这些功能客观上都具有变现的潜力。县级融媒体中心可借鉴商业平台在这方面的成功做法，探索建立"新闻＋政务服务商务"运营模式，通过个性化、多样化、便捷化的政务和商务服务营利。三是拓展产业之路。打造诸如新媒体产业孵化园、融媒体产品中心等，在"媒体融合服务体系""Media+"城市伙伴等项目中获得不错的经济收益。以事业单位企业化管理为特色的媒体平台可探索适合自己的产业路径，如打造多元传媒产业生态，拓展文创、旅游、会展等跨界产业来营收创收，实现可持续发展。如江苏电视台"荔枝新闻"、吉林电视台"第1报道"等新闻资讯平台，北京电视台"北京时间"、湖北电视台"长江云"等全媒体服务平台，河南电视台"中国节日"系列、河北电视台《冀有好物》、云南电视台《多样星球》等融媒节目，构成形态多样、特色突出的融媒品牌，聚焦用户需求创新产品形态和服务，以短视频、图文、音频、直播活动、慢直播、电商、游戏、5G智慧产品等多种形态，深耕时政、民生、科技、文化、教育、财经、旅游、汽车等多样化垂直领域，以融媒品牌IP汇聚资源、链接用户、连接市场，拓展多元化经营实践，激发可持续发展动能。

（八）积极参与基层治理，提升融媒公信力

一是重塑基层服务体系，需要根据《中共中央　国务院关于加强基层治理体系和治理能力现代化建设的意见》的指导，提升基层治理的数字化和智能化水平。县级融媒体中心应充分利用大数据、算法、人工智能和区块链等技术，加速智能化、数字化和平台化的转型。通过参与数字乡村建设，将"新闻＋政务服务商务"延伸到乡村的每个角落。政务服务方面，县级融媒体中心应努力与地方政府合作，将政务功能转移到移动客户端，为群众提供线上政务服务，并推动村务公开和百姓问政。在商务服务上，应丰富媒体平台的农村产权交易、商贸流通等业务，提升服务效率。同时，要密切关注基层群众的实际需求，将县级融媒体中心的服务功能深入基层，满足群众的生活需求。二是促进社会协同共治，提升基层治理水平。构建党委领导、政府负责、社会协同、公众参与的基层治理体系，形成高效、有序、协同的基层社会系统。县级融媒体中心作为这一体系的重要节点，应发挥桥梁和纽带的作用，凝聚基层群众、市场组织和其他自治组织，推动基层治理从政府单一主导向社会多元合作转变，实现线上线下相结合，共同推动基层治理现代化。三是致力于丰富乡村经济业态。通过探索多元经营模式，打造开放式的营利空间，延长媒体产业链和创新链，为当地特色产业如休闲农业、乡村旅游和民宿经济提供内容支持、流量扶持和商业化赋能。这不仅能够丰富乡村经济业态，注入活力，还能协助发展符合当地实际的现代乡村产业，推动县域经济的繁荣发展。

全媒体背景下地方党报创新融合的系统性变革
——兰州日报社媒体深度融合系统性变革"观澜模式"剖析

摘要：当前，新一轮科技革命方兴未艾，大数据、人工智能等信息技术迅猛发展，深刻地改变着信息生产传播方式，深刻地重塑着媒体形态、舆论生态和文化业态。党的二十届三中全会明确指出，构建适应全媒体生产传播工作机制和评价体系，推进主流媒体系统性变革，这是我们党深刻把握现代传播规律，深刻洞察媒体发展趋势提出的重要改革举措，明确了主流媒体改革的目标任务、重点和要求，对于更好塑造主流舆论新格局、巩固全党全国各族人民团结奋斗的共同思想基础具有重要意义。

近年来，兰州日报社一直致力于媒体融合等系统性变革工作，取得了不俗的成绩。2024年9月2日，在广西南宁召开的第三届中国报业创新发展大会上，国家新闻出版署公布了第四届中国报业深度融合发展创新案例名单，其中兰州日报社的"媒体深度融合的'观澜模式'"入选全媒体传播建设类创新案例。此次公布的创新案例充分反映了我国报业深度融合发展的新进展、新成效。

党的十八大以来，习近平总书记高度重视媒体融合发展工作，他指出："推动媒体融合发展、建设全媒体成为我们面临的一项紧迫课题。"总书记曾在多个场合阐述新闻舆论工作重要性，并强调，宣传思想工作要因势而谋、应势而动、顺势而为，加快推动媒体融合发展，使主流媒体具有强大传播力、引导力、影响力、公信力，形成网上网下同心圆。近年来，受信息技术发展的影响，人们的生产生活方式发生根本性变化，传媒方式也发生很大变化，面对全媒体时代的日新月异，地方党报等传统媒体需要实现转型融合系统性变革。

本文以兰州日报社及其发展创新融合的系统性变革"观澜模式"为研究对象，

探讨了全媒体时代地方党报转型发展的相关问题。通过对其转型创新和融合发展系统性变革的基本内容、突破方向和突破方式进行分析，揭示地方党报在全媒体时代实现系统性变革的必要性和可行性。同时，结合实际案例，阐述兰州日报社在系统性变革过程中的具体举措和取得的成效，为其他地方党报的转型发展和系统性变革工作提供借鉴和参考。

一、引言

自 2013 年始，媒体融合在移动智媒浪潮中行至第二个十年，新型主流媒体的建设涌现出不少标杆。站在 2024 年这个新起点上，中国共产党第二十届中央委员会第三次全体会议审议通过的《中共中央关于进一步全面深化改革、推进中国式现代化的决定》全文发布，其中针对宣传思想文化工作提出了不少深意十足的新表述、新概念。"构建适应全媒体生产传播工作机制和评价体系，推进主流媒体系统性变革"便是广受媒体界讨论的一项。媒体融合来到"下半场"，系统性变革迎来"起跑线"，可见改革永无止境，发展不能懈怠。随着内外环境巨变加速，这首深化改革进行曲"愈演愈烈"，作为主角，所有主流媒体必须"愈唱愈勇"，地方党报更是要"一马当先"。

习近平总书记指出："全媒体不断发展，出现了全程媒体、全息媒体、全员媒体、全效媒体，信息无处不在、无所不及、无人不用，导致舆论生态、媒体格局、传播方式发生深刻变化，新闻舆论工作面临新的挑战。"在当今时代，信息技术正以惊人的速度迅猛发展，全媒体时代已然降临。这一变革深刻地影响着人们的生产生活方式以及传媒方式。在这样的大背景下，地方报纸等传统媒体遭遇了前所未有的挑战。信息传播的快速化、多元化以及受众需求的不断变化，使得地方报纸的传统发展模式受到了巨大冲击。为了适应时代的发展潮流，地方报纸亟须实现转型跨越和融合前行，并进行系统性变革，探索新的发展路径。

本文选取兰州日报社及其发展创新融合系统性变革的"观澜模式"作为典型案例，深入剖析其从传统报纸向全媒体突破的系统性变革过程。通过对兰州日报社媒体转型融合发展的研究，我们可以发现，在全媒体时代，地方报纸需要积极整合各类资源，充分利用新媒体技术，拓展传播渠道，丰富内容形式，以满足受众日益多样化的需求。同时，地方报纸还需加强与受众的互动交流，提高用户参与度，增强自身的影响力和竞争力。

对兰州日报社从传统报纸到全媒体突破的系统性变革过程进行分析，具有重要的现实意义。希望借此为其他地方报纸的转型发展提供有益的启示和借鉴，助力地方报纸在全媒体时代实现可持续发展，更好地服务于地方经济社会发展，满足人民群众的精神文化需求。

二、研究样本简介

兰州日报社成立于 1980 年 7 月，是中共兰州市委直属正县级事业单位，承担着全市范围内传播新闻信息、引导社会舆论、服务市民生活的重要职责，是兰州市新闻舆论工作的主阵地和排头兵。

在转型发展之前，兰州日报社的媒体布局主要是"两报一网"，即《兰州晚报》《兰州日报》和兰州新闻网。《兰州晚报》创刊于 1980 年 7 月 1 日，创刊之初，既承担着市委机关报的功能，又具有晚报特色。1993 年，《兰州日报》创刊，此后《兰州日报》担负起了市委机关报的功能，《兰州晚报》逐渐向纯晚报过渡。兰州新闻网于 2004 年 9 月开通上线，是经甘肃省互联网信息办公室批准的新闻综合类网站。在 1995 年至 2018 年期间，传统媒体经历了从快速扩张到日益凋敝的过程。高峰时期，《兰州晚报》和《兰州日报》两份纸媒的发行量达到 15 万份。从 2018 年开始，传统媒体逐渐衰微，两报的发行量一直在萎缩。

从 2019 年开始，兰州日报社大力进行文化体制改革，将经营部分从事业单位剥离，成立报业集团公司，在此基础上，理顺体制，稳步推进媒体转型创新与融合发展等系统性变革工作。经过几年的有益探索和创新实践，兰州日报社的媒体深度融合创新发展工作初见成效。截至 2024 年 6 月底，兰州日报社已经构建起"报、网、端、微、屏""五位一体"的全媒体传播格局，有"观澜新闻"客户端、"政务短视频"客户端、网站、微信、抖音、快手、视频号、户外屏等 18 个传播平台，《兰州日报》《兰州晚报》日均发行量各 4 万余份，全媒体用户量达 1150 万，新媒体平均日活率达 54.6%。"观澜新闻"客户端上线以来，凭借其多功能优势，成为甘肃乃至西部群众获取信息的重要平台，装机量超 480 万，用户注册量超过 70

万，日活量超过 3 万人次，"观澜新闻"矩阵总粉丝量突破 1100 万，成为有影响力的新型主流舆论阵地。从成立至今，"观澜新闻"客户端各平台累计推出专栏、专题 300 多个，各类报道超过 10 万条，视频 6700 多个，其中总浏览量上亿的有 7 条，总浏览量突破千万的有 87 条。

2024 年 9 月 2 日，在广西南宁召开的第三届中国报业创新发展大会上，国家新闻出版署公布第四届中国报业深度融合发展创新案例名单，其中兰州日报社的"媒体深度融合的'观澜模式'"入选全媒体传播建设类创新案例。此次公布的创新案例充分反映了我国报业深度融合发展等系统性变革工作的新进展、新成效，而"观澜模式"的入选充分证明了兰州日报社的媒体深度融合创新发展等系统性变革工作是值得借鉴的。

三、全媒体时代地方党报系统性变革的基本内容

习近平总书记指出，我们要做大做强主流舆论，巩固全党全国人民团结奋斗的共同思想基础，为实现"两个一百年"奋斗目标、实现中华民族伟大复兴的中国梦提供强大精神力量和舆论支持。在全媒体时代，地方党报的转型融合发展等系统性变革工作，就是为了让"主力军全面挺进主战场，让党的声音传得更开、更广、更深入"，这是历史赋予我们的时代使命，也成为必然。其基本内容包含多个方面。首先是传播理念的转型，需从传统思维转向互联网思维，更加注重用户体验与互动。其次是传播载体的转型，不再局限于纸质形式，积极向数字化、移动化平台拓展。再次是传播内容的转型，从单一的新闻报道转向多元化、深度化、个性化内容生产。最后是传播评价的转型，从单纯的发行量、阅读量等指标，转变为综合考量用户活跃度、互动度、满意度等多维度的评价体系。

（一）传播理念的转型

在当今的全媒体时代，媒体的发展态势发生了深刻变革，建立适应时代发展的全新理念至关重要。不同媒体各自为政的发展模式已然举步维艰，难以在信息洪流中站稳脚跟。原有的传播平台，若仅仅依靠自身的固有力量，显然已无法满足当前公众对于信息传播日益多元化、个性化的迫切需求。地方报纸类传统媒体向全媒体转型已成必然趋势。在这一进程中，首先要突破传统理念的重重束缚，摒弃固

步自封的思维模式，积极主动地与网络、新媒体进行深度融合，以开放的姿态拥抱变化。

只有当不同媒体在内容、渠道、功能上实现全方位的融合，才能形成强大的全媒体矩阵。如此一来，不仅能够显著降低运营成本，避免资源的重复浪费，还能极大地提高自身的竞争力，在激烈的媒体市场中脱颖而出，为公众提供更优质、更丰富、更便捷的信息服务。

（二）传播载体的转型

在传统媒体向全媒体转型的浩浩潮流之中，传播载体所经历的变化可谓显著且深刻。信息传播载体已不再局限于过去单一的文字图像形式。曾经，报纸、杂志等传统媒体主要依赖文字和静态的图像来传递信息，而如今，随着技术的飞速发展，信息传播的方式愈发多样化。音频、视频、动画、虚拟现实等多种类型的信息传播形式层出不穷，极大地丰富了信息的表现形式和传播效果。

这种转变实现了从单一媒体向全媒体的华丽转身，不再是某一种媒体形式的单打独斗，而是多种媒体形式相互融合、相互补充。比如，一则新闻报道可以通过文字详细阐述事件的来龙去脉，同时配以生动的图片展示现场场景，再加上精彩的视频呈现关键瞬间，甚至还可以融入音频的解说和评论，让受众能够全方位、多角度地获取信息。

（三）传播内容的转型

传统媒体的转型，所呈现给受众最直接的就是内容的转型。在全媒体时代，个人成为信息的创造者，传媒、信息、服务实现融合渗透，传统内容向互动、跨媒体、多线索转变，媒体内容实现了传播形式的广泛性、信息组合的便捷性、受众参与的互动性、信息发布的即时性以及信息内容获取的多元性。这意味着不同媒体需要在内容方面深度挖掘，不仅要注重信息的真实性和权威性，还要增强趣味性和互动性。

与此同时，过去以阅读报纸为主的读者，也要随着这一转型的浪潮同步转为新媒体的用户。新媒体平台凭借其便捷性、互动性和个性化的特点，为用户带来了前所未有的体验。用户不再是被动地接受信息，而是能够根据自己的兴趣和需求，主动选择、参与和分享。信息获取的过程更加流畅，不再受到时间和空间的限制，随时随地都能获取最新、最感兴趣的内容。而且，新媒体注重用户反馈和互动，用户可以通过评论、点赞、分享等方式表达自己的观点和感受，与其他用户和媒体进行交流，使得信息传播不再是单向的输出，而是双向的互动，从而进一步完善了用户体验。

（四）传播评价的转型

传统媒体时代，对传播效果的评价比较简单，一般以传统媒体的覆盖量为基本标准。然而，全媒体时代，对传播效果的评价就比较复杂，需要对传播活动所产生的影响和效果进行全面、系统的评估和分析。

1.传播范围，需要考量信息在不同平台、不同地域的覆盖程度。例如，通过社交媒体平台的粉丝增长数量、网站的访问量、视频的播放量等数据，来判断传播内容的触达范围是否广泛。

2.传播的精准度是重要的评价指标。能否准确地将信息传递给目标受众，是否满足了特定受众群体的需求。可以通过用户画像分析、受众反馈等方式来评估传播的精准度。

3.受众参与度，包括评论数量、点赞数、分享次数、话题讨论热度等，这些都反映了受众对传播内容的兴趣和投入程度。

4.传播的影响力，体现在是否引发了社会舆论关注、是否改变了公众的认知和态度、是否对相关政策或行为产生了推动作用等。

5.传播的时效性，能否在第一时间发布重要信息，以及信息的更新速度和及时性，也是评价传播效果的关键因素。

6.传播的成本效益，对比投入的资源和获得的传播效果，评估传播活动的性价比等。

对这些方面进行综合评价分析，才可以全面了解全媒体传播的效果，为后续的传播策略调整和优化提供有力依据，以提升传播的质量和影响力。

四、兰州日报社转型发展系统性变革"观澜模式"的创新实践

习近平总书记指出："现在，媒体格局、舆论生态、受众对象、传播技术都在发生深刻变化，特别是互联网正在媒体领域催发一场前所未有的变革，数以亿计

的人在通过互联网获得信息。我国网民就达到了六亿七千万。读者在哪里，受众在哪里，宣传报道的触角就要伸向哪里，宣传思想工作的着力点和落脚点就要放在哪里。"正是在这一思想的指引下，兰州日报社积极探索转型发展系统性变革之路，成功打造了"观澜模式"的创新实践。在媒体融合的大背景下，兰州日报社勇于突破传统思维，以创新为驱动力，通过整合资源、流程再造、拓展渠道等方式，打造的"观澜模式"深入挖掘本地新闻价值，增强内容的深度与广度，运用多元化的传播手段，满足不同受众的需求，提升了传播力和影响力。该模式为传统媒体转型融合系统性变革工作提供了新思路和新方法，为媒体行业发展注入了新活力，也为推动地方经济在新时代实现高质量发展贡献了自己的媒体力量。

（一）把牢政治方向，建设主流媒体

在媒体顶层设计方面，习近平总书记指出："要抓紧做好顶层设计，打造新型传播平台，建成新型主流媒体，扩大主流价值影响力版图，让党的声音传得更开、更广、更深入。"在转型发展过程中，兰州日报社始终坚持以习近平新时代中国特色社会主义思想为引领，深入学习贯彻习近平总书记对甘肃及兰州的重要讲话重要指示批示精神，坚持政治家办报原则，坚持以强省会行动为引领，忠实履行市委机关报职责使命，全力以赴做好新闻舆论宣传，报社所属各全媒体平台始终坚持正确政治方向和舆论导向，以"主力军全面挺进主战场，让党的声音传得更开、更广、更深入"这一重要思想为指导，着力发挥好主流媒体舆论引导作用。

兰州日报社始终坚持以正确的舆论引导人，把正确舆论导向贯穿新闻采集、撰写、编排、发布各个环节，落实到采写人员、编辑人员、审发人员、签发人员身上，层层把关，人人负责，有力有效地守好意识形态主阵地。例如，围绕庆祝中国共产党成立100周年、党的二十大、强省会行动、党的二十届三中全会、新中国成立75周年等重大主题宣传任务，举办了"奋进新征程 建功新时代"主题采访、"红动陇原100年"全省十四市州党报联合采访等大型活动，累计发稿10000余篇（次）、短视频2000多条，累计阅读量达到5亿人次。

兰州日报社党委始终坚持以党的政治建设统领各项工作，紧密结合工作实际，持续提升党建质量。始终把管党治党作为分内之事、应尽之责，全面落实"一岗双责"，压实党委抓党建主体责任。严格落实意识形态工作责任制，认真执行"三审三校"制度，健全完善重大舆情和突发事件舆论引导机制，未发生重大政治性差错。

（二）深化体制改革，破除融合阻力

在改革方面，习近平总书记指出："改革更多面对的是深层次体制机制问题。"媒体深度融合效力不强的病因绝大多数在于打不破发展状况不平衡、不协调的组织领导机制、运行管理机制和保障机制。2019年以来，兰州日报社稳步实施文化体制改革，理顺发展体制机制，有力破除困难问题，事业发展稳步走上快车道。组建兰州日报报业集团，运行下属七个子公司，顺利实施机构调整、人员分流、资产划转等方面工作，完善报业集团运行机制和决策机制，配齐配强管理队伍，逐步健全法人治理体系。通过文化体制改革，报社职工思想认识进一步统一，发展方向和工作重点进一步明确，精神面貌大为改观，激发了员工谋事干事的内生动力和创新创造精神。

以服务融媒体发展为目标，调整内设机构，构建起"1+3"管理体系，即在兰州日报社全媒体编辑出版委员会领导下，形成了《兰州日报》编辑部、《兰州晚报》编辑部、兰州日报社融媒体中心一体化运行、差异化协同发展的全媒体发展新格局。《兰州日报》《兰州晚报》、"观澜新闻"客户端、兰州新闻网等报社所有平台接入融媒体采编平台，实现"策、采、编、发、营、传、评"业务运行统一指挥，构建起以融媒体采编平台为支撑的"融合采编，移动优先，全媒联动"的采编业务流程。整合优化所属媒体平台资源、人才资源和宣传资源，成立运行融媒体中心，主要负责新媒体平台运营和融媒体产品策划制作，形成了以"观澜新闻"为抓手，全媒体广泛参与、协同发展的融媒体生产传播机制。

（三）尊重传播规律，坚持优势互补

习近平总书记在主持召开中央全面深化改革领导小组（现中央全面深化改革委员会）第四次会议时表示："推动传统媒体和新兴媒体融合发展，要遵循新闻传播规律和新兴媒体发展规律，强化互联网思维，坚持传统媒体和新兴媒体优势互补、一体发展，坚持先进技术为支撑、内容建设为根本，推动传统媒体和新兴媒体在内容、渠道、平台、经营、管理等方面的深度融合，着力打造一批形态多样、手段先进、具有竞争力的新型主流媒体。"自创刊以来，《兰州日报》《兰州晚报》采编独立，经过40多年的发展，"二元结构"根深蒂固，最初新媒体建设也是采取日晚报局部融合的办法，导致报社整体媒体融合貌合神离。如何打破多元发展结构，做到形神合一、聚精会神的融合，也是报社近几年集中攻坚的难题。通过探索实践，报社以现代新闻传播规律和新兴媒体发展规律为引领，能力提升做铺垫，业务融合发展做指挥，平台建设做支撑，绩效考核做动力，不断激发协作竞争活力，有效提振了干部职工干事创业的信心，做到了报社的整体深度融合、凝神发展。具体做法如下：

1.长本事，培养全媒体记者

自2020年起，报社为了适应媒体行业的发展变化，积极采取了一系列行之有效的措施。组织了多批次骨干前往先进地区学习，汲取前沿的理念和经验。同时，常态化开展业务培训，邀请业内专家授课，分享实用的技巧和方法。还定期举办岗位业务大练兵活动，通过实战演练、案例分析等方式，持续稳步提升采编队伍的政治素质、业务水平以及工作作风，为打造一支高素质的全媒体采编团队不断努力。

2.建平台，统一集中发力点

为了实现资源的优化整合和传播效果的最大化，报社经过深思熟虑，决定集中力量打造"观澜新闻"客户端。这一举措将全社的采编力量高度集中统一到一个平台之上，凝聚形成强大的合力，从而得以集中发力。在这个过程中，营造出了一种独特的工作氛围，那便是合作中有竞争，竞争中有合作。大家既相互协作，共同为平台的发展贡献力量，又在良性竞争中不断提升自我，激发创新活力，推动平台向着更高的目标迈进。

3.抓时效，移动优先是硬指标

在新闻报道工作中，报社明确要求所有记者在到达现场后，务必第一时间给"观澜新闻"供稿，遵循先到先发，后到不发的原则，以此形成强有力的约束机制。这一举措，倒逼传统媒体记者主动摆脱早上采访下午写稿的旧有工作习惯，树立起分秒必争的时效意识，能够以最快的速度将新闻传递给受众，从而在信息快速传播的时代占据主动，更好地满足公众对于新闻及时性和新鲜度的需求。

4.抓质量，融媒体报道是标配

为了提升新闻报道的质量和吸引力，报社对记者提出了明确要求。记者在进行新闻采编时，需进行文图视频等多形式的融合报道，不再局限于单一的报道形式。在稿件选用方面，遵循谁的报道要素全面、形式丰富，就用谁的稿件的原则。这一要求促使记者不断提升自身的专业素养和综合能力，积极探索创新报道方式，以更优质、更丰富、更全面的融媒体报道满足受众的多样化需求，提升新闻报道的影响力和传播效果。

5.抓策划，集团作战是常态

为了展现更优质、更具影响力的新闻报道，报社积极通过策划重大主题采访、开展大型活动联合报道等方式来推动工作。在这个过程中，不断促进跨部门合作，让不同部门的人员紧密协作。同时，也加强了记者和视频、设计编辑之间的合作，使得各方能够充分发挥自身优势。在持续的努力下，各方逐步消解了彼此之间的身份界限和业务隔阂，形成了一个高效协同、运转流畅的工作整体，为新闻事业的发展注入强大动力。

6.抓绩效，注重全媒体考核

报社传统的考核方式是根据稿件大小和质量进行打分，改革之后按照移动优先、全媒体考核原则进行打分，引导记者向着移动优先、融媒体报道、高质量生产的发展目标发力。在考核中移动占70%、报纸占30%，移动方面质量和影响力各占50%，高质量爆款产品根据阅读量进行梯度加分。

在以上措施的共同作用下，兰州日报社破除了日报和晚报、报纸和新媒体多重二元结构的壁垒，有效激发了记者编辑的活力，提振了信心，牢固树立了融媒体发展理念，形成了以服务"观澜新闻"健康发展为己任的共识，记者编辑在工作中比学赶超、协作竞争，动态新闻更及时，选题策划更丰富，报社媒体融合实现从貌合神离到形神合一的质的跨越。报社深入融合发展的合力形成，凝神发展的效果在中共兰州市委十四届七次全会、强省会专题报道、兰州日报社成立暨《兰州晚报》创刊40周年、2023年和2024年兰州马拉松、2023年WTT球星挑战赛兰州站等大型主题宣传和大型活动联合报道中得到了集中体现。

（四）布局新兴业态，创新赋能融合

习近平总书记说，今天，宣传思想工作的社会条件已大不一样了，我们有些做法过去有效，现在未必有效；有些过去不合时宜，现在却势在必行；有些过去不可逾越，现在则需要突破。"不日新者必日退。""明者因时而变，知者随事而制。"做好宣传思想工作，比以往任何时候都更加需要创新。因此，在现阶段，媒体要实现融合发展，必须"多条腿走路"，积极布局新业态产业链，这已成为发展的重要趋势。通过资源整合与创新模式，媒体不断拓展融合发展深度。一方面，利用先进的技术手段，如大数据、人工智能等，实现内容生产与传播的智能化升级；另一方面，加强与其他产业的跨界合作，将媒体内容与电商、旅游、教育等领域深度融合，创造出更多元化的商业模式和价值空间。这种布局与拓展，不仅能增强媒体自身的竞争力，也为社会经济发展注入新活力，推动媒体行业走向更加广阔的发展前景。

1. 成立兰州短视频产业园，布局新业态产业链

2020 年中央及甘肃省相继出台了"上云用数赋智"行动方案，明确提出要加大力度推进短视频产业园建设。面对这一发展趋势和机遇，兰州日报社提出通过短视频产业园建设深入推动媒体融合的发展思路。2021 年挂牌成立兰州短视频产业园，组建专业化公司，负责产业园项目具体建设规划、运营管理及短视频产业人才培训等业务。兰州短视频产业园紧扣筑基础、搭平台、促转型、建生态、兴业态、强服务任务主线，探索短视频在政务、文化、旅游、教育、农业等行业的赋能模式，打造"短视频+"行业应用标杆，逐步建立以短视频为核心的新业态产业链。首批已有 40 余家高校、数字企业、市直机关单位入驻。

2. "开门融合"发挥合作优势，聚合优势资源

坚持与各行业各部门深度链接，与中国广电甘肃网络股份有限公司等 40 多家企事业单位签署战略合作协议，围绕技术、平台、资源、人才等开展全面合作，推出全媒体运营师培训等项目。2020 年，兰州日报社通过"新基建+新媒体"的跨界合作打造了户外智慧主流舆论阵地。目前，该项目已经建成了 400 多块屏，分布在火车站、东方红广场、名城广场、南滨河路、奥体中心等各大区域中心。

3. 打造"新闻+政务服务商务"经营模式

在向新型主流媒体转型的过程中，兰州日报社不断开拓新的经营思路，通过平台运营、个性化服务和技术赋能，打造"新闻+政务服务商务"经营模式。一是依托兰州日报社融媒体中心技术平台，为机关企事业单位提供新媒体代建托管服务。与兰州高新区共同建设高新区融媒体中心，既推动市级党报通过技术服务和县区

融媒体中心进行融合，又有一定的经营创收。二是在"政务服务不来即享"思路引领下，打造政务短视频客户端——"L视频"。通过提供宣传服务、政务服务、生活服务、电商服务、社交服务、用户创作服务等业务，推动报社由政务服务的观察者、记录者、见证者，向政府数字化转型的参与者、推动者转变。截至目前，已与城关区和七里河区所属街道、社区签订"L视频"入驻协议，打通新兴产业与基层组织之间的互联互通。三是嫁接媒体公信力、传播优势资源。打造"跟晚报GO"电商平台，进行惠民助农运营，被评为"全市优秀保供企业"；搭建"兰报优品"智选配送平台，精选本地特色优质产品，全力予以推广；打造兰报小记者训练营，利用报社的特色优势，将其运营成为特色研学项目；全力推进AI智慧党建项目，积极开拓市州和省外市场；与本地龙头企业合作，发挥报纸发行配送优势，加盟乳品配送项目；突出报社的文化属性，开发系列文创产品等。这些利用媒体公信力等优势打造的项目，运营效果都非常不错，也带来了可观的社会效益和经济效益。

（五）打造拳头产品，放大一体效能

习近平总书记指出："推动媒体融合发展，要坚持一体化发展方向，通过流程优化、平台再造，实现各种媒介资源、生产要素有效整合，实现信息内容、技术应用、平台终端、管理手段共融互通，催化融合质变，放大一体效能。"主流媒体肩负着重要的社会责任与使命，在发展过程中，需要集中优势资源，运用先进的理念、技术和人才，精心策划与制作具有广泛影响力、高品质的内容产品。通过这些支柱拳头产品，深入挖掘经济社会发展中的亮点与问题，传递权威信息、解读政策动态、反映民生诉求，放大一体效能，为经济发展提供智力支持，为精神文明建设营造良好氛围，全方位服务经济社会发展，发挥主流媒体在时代发展中的引领和推动作用。

1. 平台建设从做加法向做减法转变

为了集中力量建设具有强大传播力、引导力、影响力、公信力的传播平台，在别人都在做加法的时候，兰州日报社在平台建设方面从做加法向做减法转变。一方面是从数量上做减法，对同质化的平台进行合并整合。另一方面是从品牌上做减法，把新媒体平台统一打造成一个品牌矩阵。具体做法是，将原有"指点兰州"新闻客户端和"ZAKER兰州"新闻客户端合而为一打造为"观澜新闻"客户端；将原有以兰州日报、兰州晚报、兰州新闻网命名的微信、微博、抖音、快手等第三方平台，进行合并、注销整合，选取影响力大、粉丝多的平台更名为"观澜新闻"。报社目前只有"观澜新闻"客户端和以"观澜新闻"命名的第三方平台一个矩阵，平台数量由原来的 36 个缩减为目前的 18 个，运营力量更集中，受众品牌认知更统一。

2. 用精品引领，倾力打造拳头品牌

对新闻媒体来说，内容创新、形式创新、手段创新都重要，但内容创新是根本的。媒体融合发展，内容为王始终是根本，信息洪流中稀缺的不是一般的内容而是有价值的内容。缺乏有价值的内容，无法长期吸引用户，更谈不上塑造舆论新格局。为了提升精品内容创新能力，"观澜新闻"把握当前视频发展的趋势，立足自身优势，做强自身特色，既符合网络传播要求，又不盲目迎合用户，构建具有党报特色的全媒体发展生态。围绕时政、文化、旅游、观点、民生、党建，成立了"昕欣说""不能不知道""西游记""兰美美""别论""记者跑社区""党报热线进社区（乡村）""金城观"等不同垂直领域的工作室，不断提升全媒体内容的主流价值、新闻价值、深度价值、观点价值，把握正能量与流量之间的平衡点，探索主流新闻的全媒体表达新方向，构建起了矩阵化的全媒体生态。同时，兰州日报社坚持主力军全面挺进主战场，按照移动优先的理念，大力推进媒体深度融合发展，牢牢占据舆论引导的传播制高点。但是，在以前的发展过程中，《兰州日报》矩阵、《兰州晚报》矩阵、兰州新闻网矩阵、"指点兰州""ZAKER 兰州"等并行发展，始终没有改变受众心目中对传统媒体的定位和认知，品牌效应没有得到很好的发挥，一直缺少一个有影响力的品牌，缺少一个自主可控、聚合发力的平台。因此，报社重新整合包装再出发，倾力打造"观澜新闻"一个拳头品牌。2023 年 6 月 29 日，兰州市委、市政府第一新闻客户端——"观澜新闻"客户端上线运行。每日发稿量 300 篇左右，单篇稿件全网阅读量 3000 万。截至 2024 年年底，客户端装机量超 480 万，用户注册量超过 180 万，日活量超过 8 万人次，"观澜新闻"矩阵总粉丝量突破 1150 万，成为有影响力的新型主流舆论阵地。兰州日报社已经构建起"报、网、端、微、屏"全媒体传播格局。

3. 立足地方，服务甘肃及兰州经济社会发展

兰州日报社始终把党媒的责任放在首位，围绕党委政府中心工作，立足地方，

服务兰州经济社会发展。一方面，持续宣传习近平新时代中国特色社会主义思想，及时、准确报道中央和省委、省政府，市委、市政府重要工作动态和重大政策举措，改变了以往时政新闻见报发的工作方式，做到第一时间及时发布。另一方面，紧密围绕市委、市政府的重点工作，提前谋划，全媒联动，开展主题宣传。例如，围绕强省会行动，第一时间制定全媒宣传方案，在《兰州日报》《兰州晚报》和"观澜新闻"同步开设专栏、专题，运用多种手段、多种形式从各个领域开展多维度宣传。围绕兰州旅游热，推出《"烟火气"推动消费　"夜经济"焕发活力》等系列深度报道和服务游客的信息，系列短视频的全网阅读量就达到 5000 多万，评论区好评如潮。

（六）坚持特色定位，满足多元需求

习近平总书记曾经在全国宣传思想工作会议上指出："很多人特别是年轻人基本不看主流媒体，大部分信息都从网上获取。必须正视这个事实，加大力量投入，尽快掌握这个舆论战场上的主动权，不能被边缘化了，要解决好'本领恐慌'问题，真正成为运用现代传媒新手段新方法的行家里手。"在媒体融合的过程中，如何牢牢抓住年轻人，是成败的关键。坚持特色化定位至关重要，不同媒体应依据自身资源优势、目标受众与发展愿景，找准特色化方向。在坚持特色化定位的基础上，积极推进媒体融合发展，运用多种传播形式与渠道，打造丰富多样的内容产品。通过深入了解受众，特别是年轻受众的兴趣、偏好和需求，满足其多元化需求，无论是新闻资讯、文化娱乐，还是教育学习、生活服务等，为受众提供个性化的内容，从而增强媒体的传播力、引导力、影响力、公信力，实现媒体的可持续发展。

1. 坚持高站位谋划、特色化定位

以往兰州日报社在全媒体平台建设时更多考虑的是从报社的角度出发，现在以"观澜新闻"客户端上线为契机，报社开始站在全域格局上谋划定位。"观澜新闻"与以往的"指点兰州""ZAKER兰州"定位不同，跟同城的"爱兰州""奔流新闻""新甘肃""视听甘肃"等也有差异。首先"观澜新闻"承担市委党报网络主阵地的职责，定位为"兰州市委、市政府第一新闻客户端"。向上对标省级新闻客户端，向下融通各县区融媒体中心、各报网平台，是了解兰州的总入口、宣传兰州的总窗口、服务兰州的总枢纽。其次，内容方面在深耕兰州的同时，放眼西北区域甚至全国、全球，做到本土和全域兼顾、热点不缺位、大事不失声，努力做到把全域热点的"流量"变成本土热点的"留量",让兰州的声音传得更远。

2. 全场景覆盖,满足受众多元化需求

移动媒体受众主体多元交叉,既有网络"原住民"青年群体,又有新融入的老年群体,还有在华外国人群体。新建设的"观澜新闻"客户端坚持以全媒体传播技术为驱动,打造了数字报、广播、电视、短视频、直播等多种阅读场景,最大程度满足受众群体多元化需求,提供了最适宜的阅读体验方式。

3. 注重与受众的互动,最大程度凝聚各类用户

为了适应人人都是传播者的大众化传播环境,"观澜新闻"在集中式、大众化、自上而下的传播方式基础上,通过互动运营凝聚各类用户,用更平等的方式、受众化视角进行内容建设和传播引领。一方面,在"观澜新闻"客户端设了"拍客"板块,所有用户可以自主创作,自由发声。同时,依托该板块,成立了"观澜新闻"拍客联盟,集聚了近千名摄影摄像发烧友,他们既是受众也是创作者,"观澜新闻"提供平台、策划活动,他们提供内容,对优质内容"观澜新闻"付费购买,建立了良性运转的 UGC 模式。另一方面,广泛选用网民作品进行二次传播,充分发挥民间高手的创作力量,近期火遍全网的《鸣沙山万人演唱会》《兰州黄河大合唱》《天水麻辣烫火爆出圈》《兰州牛肉面小哥记忆力惊呆游客》等素材都是源于受众。再一方面,就是守好、用好评论区,用真心互动,让受众和平台双向奔赴。"观澜新闻"非常重视与网民互动,"网民有情、小编有爱"的互动,在"观澜新闻"矩阵的评论区比比皆是。不光在自有平台互动,平台编辑也会用平台账户去别家媒体的流量作品下互动,以达到品宣、引流的目的。

4. 坚持为民办实事,开展建设性舆论监督

联系群众、服务社会,在老百姓和政府之间架起一座高效互动的桥梁,是媒体的职责所在,也是兰州日报社全媒体平台运营增强用户黏性的关键。"观澜新闻"打造了"记者帮"板块,与报社品牌栏目"记者跑社区""党报热线进社区(乡村)"互补运营,以服务为主线,以为民办实事为主要目标,开展建设性舆论监督。平台负责线索收集、信息发布、在线互动,栏目负责问题追踪解决。倾听受众声音的渠道拓宽了,栏目办实事的领域变广了。每月平均收到线索 300 余条,问题解决率在 80% 以上。

5. 联动运营、差异化发展

在媒体融合的过程中，如何做到报纸和新媒体深度融合，也是兰州日报社一直探索解决的一大难题。报纸和新媒体联动运营、差异化发展，不断提升报纸的"网感"，让新媒体在追求速度的同时更追求深度、态度和观点，同向发力共绘主流舆论同心圆，是一条不错的路径。报纸重深度，新媒体重速度、丰富度。一方面报纸向新媒体表达转化：报纸突出视觉表达，图片使用大幅增加；版面设计"海报化"，《兰州晚报》每天精心设计的封面就是典型代表；通过二维码联通新媒体，丰富报纸内容，通过报纸也能看视频、刷 H5；报纸文风网络化转变，句子更短，语言更活泼，网言网语时常见诸报端。另一方面，新媒体通过对报纸内容的转化加工，增加平台深度、态度和观点价值：报纸有评论，新媒体有"别论"；报纸有文图"新高度""金城观"，新媒体有专题视频。同时，通过新媒体搭建与各媒体间的稳定链接，"观澜新闻"通过二次加工传播两报内容，使得两报内容转载量大幅提升，在社交平台上形成热点的能力也显著增强。

（七）提升国际传播影响，讲好甘肃兰州故事

习近平总书记指出："我们要加强国际传播能力建设，精心构建对外话语体系，发挥好新兴媒体作用，增强对外话语的创造力、感召力、公信力，讲好中国故事，传播好中国声音，阐释好中国特色。"为进一步加强对外宣传，讲好甘肃兰州故事，有效提高城市知名度和美誉度，兰州日报社立足实际，加大海外传播探索力度，大力推进海外宣传工作。2023 年 6 月 1 日，成立兰州黄河国际传播中心，并在脸书、推特、照片墙等平台注册运营机构和个人账号 12 个，截至目前粉丝数突破 2 万，累计发布 2670 条视频和帖文。

1. 突出地域特色

兰州黄河国际传播中心立足"敦煌文化""丝路文化"，根植"黄河文化"，以"矩阵传播"为手段，加强平台、渠道、内容、队伍建设，用"国际风范、中国元素、兰州特色"的国际传播新名片，不断放大甘肃声音、兰州声音，扩大国际传播"朋友圈"。

2. 发挥合作优势

兰州黄河国际传播中心由兰州日报社与中国日报社甘肃分社共同建设、共同打

造。为推动后续工作，兰州日报社还与兰州大学、兰州财经大学等单位签订人才培养合作协议，努力为兰州培养更多国际传播应用型人才。

3. 讲好本土故事

兰州黄河国际传播中心成立以来，策划制作的《一分钟了解兰州》《外国人看兰州》《世界你好，我是兰州》《国际节》等 4 个原创双语短视频栏目，以兰州故事与世界对话，已制作推出近 200 期，受到了海内外用户的广泛好评。以 2023 年 9 月开展的第六届丝绸之路（敦煌）国际文化博览会为例，推出的 "Meet with Dunhuang" 系列短视频，以情景代入、角色扮演、古风视角等创新手段拍摄一分钟短视频，分别介绍了丝绸之路上的敦煌、莫高窟、月牙泉、阳关古道等富有地域特色、文化特色的丝路风景名胜及相关故事，在海外平台引发了较好的互动。

五、地方党报的转型融合发展等系统性变革建议

通过对兰州日报社转型创新融合发展等系统性变革工作"观澜模式"的剖析，我们发现，地方传统党报的转型跨越发展，是一个极其复杂的系统性工程，既要善于抓住"天时"，又要学会利用"地利"，更要有运营团队的"人和"。"观澜模式"为地方党报等传统媒体的转型跨越融合发展等系统性变革工作探索出了一条可以借鉴的成功之路，通过对"观澜模式"的深入研究，我们可以为地方传统报纸的转型融合发展等系统性变革工作梳理出以下建议：

（一）明确定位特色

兰州日报社的定位主要是立足兰州本地，发挥主流媒体的舆论引导作用，成为兰州地区新闻资讯传播、社会舆论引领、文化传承与发展、服务市民与社会的重要平台与机构，媒体融合后拳头产品"观澜新闻"的定位是"兰州市委、市政府第一新闻客户端"。地方报纸应明确自身在全媒体生态中的定位，突出地方特色，深入挖掘本地的新闻资源、文化底蕴和社会需求，提供独特而有价值的内容，与其他媒体形成差异化竞争。

（二）建设主流媒体

在当今信息爆炸的时代，主流媒体犹如一座灯塔，指引着人们在信息海洋中前行。它承担着传播真实、客观、全面信息的重大责任，是社会舆论的压舱石。主流

媒体始终坚持正确的政治方向和舆论导向，积极弘扬社会主义核心价值观，为社会凝聚起强大的正能量。不断提升新闻报道的质量和深度，以专业视角解读复杂社会现象，挖掘新闻背后的价值。"观澜新闻"在系统性变革后，已经成为甘肃乃至西北地区的舆论引导者，主流媒体地位日益牢固。因此，在系统性变革工作中，建设主流媒体至关重要，要确保主流媒体在多元媒体环境中持续发挥引领作用，为国家发展和稳定贡献坚实力量。

（三）弘扬时代精神

在信息时代，各种声音交织，主流媒体作为舆论的引领者，肩负着重大的社会责任，所以必须弘扬主旋律，高唱正能量，弘扬时代精神。弘扬主旋律能为社会树立正确的价值导向，让人们明确什么是值得追求和坚守的。高唱正能量可以激发人们积极向上的精神风貌，在面对困难与挑战时保持乐观和勇敢。主流媒体的广泛传播力能够将正能量传递到每一个角落，凝聚社会共识，增强民族凝聚力。只有持续弘扬主旋律、高唱正能量，主流媒体才能更好地发挥其在新时代的使命与担当，为国家的进步和人民的幸福贡献力量。

（四）推进媒体融合

自 2019 年转型发展以来，兰州日报社一直在走媒体融合发展之路，"观澜模式"就是融合所走出的探索之路。加强与新媒体的融合，打造全媒体平台，是传统媒体转型的重要内容，整合报纸、网站、移动客户端、社交媒体等多种渠道，实现内容的多平台发布和互动传播，提高信息传播的效率和覆盖面，则是融合发展的具体要求。

（五）提升内容质量

在媒体融合的进程中，兰州日报社坚持内容为王，不断提升内容质量。近年来，参与策划的《百年奋斗路·百城访初心——庆祝中国共产党成立 100 周年"红色百城"大型全媒体报道》荣获第 32 届中国新闻奖二等奖；《绿化带上的办公桌》等 200 多件作品荣获甘肃新闻奖等各类奖项。传统媒体要注重内容，在媒体融合的过程中，更应该提升内容质量，坚持内容为王，加强新闻报道的深度、广度和准确性，注重原创内容的生产，提供有思想、有温度、有品质的新闻作品，满足读者对高质量内容的需求。

（六）培养融媒人才

媒体要发展，人才是关键。兰州日报社定期组织内部员工参加各种全媒体技能培训课程。常态化开展业务培训，定期举办岗位业务大练兵活动。鼓励记者编辑学习视频拍摄与剪辑、新媒体编辑等技能。全面加强对员工的培训和培养，提升其全媒体素养和技能。培养记者编辑具备采、写、摄、策、编、播等多种能力，适应全媒体时代的工作要求。

（七）加强用户互动

积极与读者进行互动，建立用户反馈机制，根据用户需求优化内容和服务。开展线上线下活动，增强用户黏性和参与度。《兰州日报》曾经通过官方社交媒体平台发起"我为兰州发展建言献策"的线上互动活动，吸引读者留言讨论，并根据读者反馈优化了城市发展相关的报道内容。在创刊 30 周年时还举办线下读者见面会，增强与读者的联系和互动。

（八）创新商业模式

探索多元化的商业模式，除了传统的广告收入外，大力拓展非报经营，牢固树立"项目为王"理念，有力拓宽经营渠道。以开展媒体服务、交易助力、品牌提升为三大核心，在盘活报社现有资产的基础上，陆续推出托管服务、"晚报 GO"电商服务平台、AI 智慧党建项目、"兰报优品"社区团购平台、直播带货、乳品配送项目、会展服务、"小记者训练营"研学项目、乳品配送项目、文创产品等，形成了多元化一体的商业模式，实现社会效益和经济效益的双丰收。

（九）加强技术应用

积极应用新技术，如大数据、人工智能、虚拟现实等，提升新闻生产和传播的效率和体验。利用数据分析了解用户需求，实现精准推送。兰州日报社利用大数据技术分析读者的阅读偏好和行为数据，针对不同用户群体精准推送相关的新闻内容。在一些文化旅游报道中尝试应用虚拟现实技术，让读者通过手机就能身临其境地感受兰州的旅游景点。

（十）开展合作联盟

与其他媒体、企业、机构等开展广泛合作，实现资源共享、优势互补，可以进行联合报道、合作推广等活动，扩大影响力。在这方面，兰州日报社更是不遗余力，多年来广泛与各类政府机构、企事业单位、科研院所、高等院校、商会协会、民间团体等建立合作，将所关注的触角延伸到社会上的各行各业、各种群体，同时利用一切机会宣传自身。

（十一）提升品牌影响

加强品牌建设和推广，提高地方媒体的知名度和美誉度，通过优质内容、良好的用户体验和积极的社会形象，树立品牌形象。兰州日报社在媒体融合的进程中，持续推出关注民生、推动城市发展的优质报道，积极参与公益活动，如"关爱志愿军老兵""暖冬行动""云植树""关爱环卫工人"等系列报道和公益捐赠活动，树立了良好的社会形象，有效提升了品牌影响力。

（十二）关注政策支持

媒体的发展与国家的各种政策息息相关，地方在媒体融合过程中，要密切关注国家和地方的相关政策，争取政策支持和资金扶持，为转型发展创造有利条件。兰州日报社密切关注国家层面、省级层面及兰州市关于媒体融合发展的政策，积极申请相关资金扶持，用于融媒体平台的建设和技术升级，有力推动自身的转型发展。

六、结语

在当今数字化时代，地方报纸向全媒体转型是大势所趋。兰州日报社顺应这一发展潮流，积极推动转型发展，做好系统性变革工作，其过程与成果为其他地方报纸提供了极为宝贵的经验，剖析研究兰州日报社转型发展系统性变革的"观澜模式"具有积极的意义。在变革过程中，兰州日报社勇于探索创新，不断优化内容生产与传播方式；通过整合资源，实现传统媒体与新媒体的深度融合；加强技术投入，运用先进的传播技术与手段，提升传播效果；注重人才培养与引进，打造了一支适应全媒体时代的专业人才队伍；深入了解受众需求，以优质内容和精准服务增强用户黏性。在激烈的媒体竞争中，兰州日报社转型融合发展等系统性变革的"观澜模式"脱颖而出，受到国家新闻出版署的肯定，这些成功经验，为其他地方党报在全媒体转型系统性变革之路上提供了有益借鉴和重要参考，具有独特的示范意义。

人工智能在传媒领域的应用

引言

近年来，随着人工智能技术的迅猛发展，以 AIGC（人工智能生成内容）为代表的应用在传媒领域崭露头角，并展现出强大的潜力。AIGC 通过深度学习、自然语言处理和生成对抗网络等技术，能够高效生成新闻稿件、广告创意、影视内容等多种形式的媒体作品，不仅极大地提升了内容生产的效率和质量，也为传媒行业带来了全新的创作模式和商业机遇。然而，随着 AIGC 技术在传媒领域的应用不断深入，其潜在的风险和挑战也逐渐显现，如新闻生成中的信息偏差、广告投放中的隐私问题以及影视内容创作中的版权纠纷等。因此，深入研究 AIGC 在传媒领域的应用发展及其潜在风险，探讨如何在技术创新与社会责任之间取得平衡，对于推动传媒行业的可持续发展具有重要意义。

一、AIGC 技术简介

（一）AIGC 技术的定义与特点

人工智能生成内容（AIGC）技术是指利用人工智能技术，特别是深度学习和自然语言处理等技术，自动地生成各种形式的内容，包括文字、图像、音频和视频等。AIGC 技术的特点主要包括以下几个方面。

1. 自动化生成

AIGC 技术能够自动地生成内容，无须人工干预。通过对大量的训练数据进行学习，系统可以自主地生成符合特定要求的内容，实现内容的自动生成和扩展。

2. 高度定制化

AIGC 技术具有高度定制化的特点，可以根据用户的需求和要求生成特定风格、特色的内容。用户可以通过调整参数、设定规则等方式，定制生成内容的风格、主题和形式，满足不同场景和目的的需求。

3. 高效性与实时性

AIGC 技术能够以极高的效率生成内容，并且具有较强的实时性。在短时间内，可以生成大量内容，满足快速更新和传播的需求，适用于新闻报道、社交媒体等实时性较强的场景。

4. 多样化的应用场景

AIGC 技术在传媒领域具有广泛的应用场景，包括新闻报道、广告创意、影视制作等方面。通过不同的技术手段和算法模型，可以生成适用于不同媒体平台和用户群体的多样化内容，实现信息的个性化传播和呈现。

（二）AIGC 技术的基本原理

AIGC 技术依赖于深度学习和自然语言处理等领域的算法和模型，通过深度学习模型，系统可以从大量的数据中学习到语言的规律和特征，从而实现对文本、图像、音频等多媒体数据的理解和生成。AIGC 技术通常采用生成式模型，如循环神经网络（RNN）或变换器（Transformer），这些模型能够接受一段文本或其他形式的输入，并生成与输入相关的新内容。通过不断迭代和调整模型参数，系统可以逐步提升生成内容的质量和准确度。另外，AIGC 技术还依赖于大规模数据集的支持，系统需要通过训练数据集学习到语言的语法、语义和语境等知识，并利用这些知识生成新的内容。

（三）AIGC 技术的发展历程

AIGC 技术的发展历程可以追溯到人工智能领域的早期阶段，随着计算机技术进步和深度学习算法发展，AIGC 技术逐渐成为一种备受关注的研究方向。最初，AIGC 技术主要集中在文字生成领域，例如自动化新闻报道和生成文案。随着对图像、音频和视频等多媒体形式的处理能力不断提升，AIGC 技术也逐渐扩展到了这些领域。在 AIGC 技术的发展过程中，研究者们不断尝试和探索各种算法和模型。早期的 AIGC 系统主要基于规则和模板，受到语言规则和语法结构的限制较大。随着深度学习技术的兴起，AIGC 技术取得了巨大的突破，能够学习和理解更加复杂的语言和语义结构，使得生成的内容更加自然和流畅。近年来，随着大规模预训练语言模型（如 GPT 系列）问世，AIGC 技术迈入了一个新的阶段，这些预训练模型能够通过大规模语料库进行学习，从而具备更强的语言理解和生成能力。

二、AIGC 在传媒领域的新突破和新机遇

（一）助力新闻业编发使用与满足

近年来，AIGC 技术在新闻业中展现出显著的变革力量，提升了新闻发现的效率与质量。通过深度学习和自然语言处理技术，AIGC 能够迅速捕捉全球各地的重要新闻事件，实现对新闻素材的自动筛选与分类，提高了新闻报道的时效性，还使编辑们能够更专注于新闻内容的深度加工与创意表达。AIGC 技术通过智能分析读者的兴趣和需求，为新闻编发提供了精确的数据支持，确保新闻内容更贴近受众，提高新闻的传播效果与用户满意度。例如，百度的文心一言与人民网合作，通过大规模预训练模型，实现了新闻摘编报告的高效生成，显著提升了新闻编发的效率与质量。在这种技术的支持下，新闻工作者能够更有效地利用时间与资源，专注于高价值内容的创造与传播，从而推动新闻业迈向新的高度。

（二）增强广告业营销投放潜在效应

在广告业中，AIGC 技术通过深度融合人类智慧与人工智能，极大地提升了营销传播的潜在效应。人机共生传播模式的核心在于通过人工智能对海量数据精准分析，洞察用户需求和行为，从而实现个性化广告投放。人工智能不仅能够高效地处理和分析数据，还能根据用户浏览历史和兴趣偏好，生成定制化的广告内容，确保广告信息能够准确地传达给目标受众，提高了广告的点击率和转化率，还增强了用户的互动体验，进而提升了品牌的知名度和市场影响力。同时，人工智能技术还能通过实时反馈调整广告策略，不断优化投放效果，确保广告预算的最大化利用。

（三）开拓影视业创作新方式

AIGC 技术在影视业的应用引发了视听创作的全面革新，使得影视创作呈现出前所未有的创新活力。智能编剧系统通过分析海量剧本和观众反馈，生成高质量的剧本和台词，极大地提升了编剧效率和创作水平。虚拟角色生成技术的应用使得电

影和电视作品中的人物形象更加逼真、栩栩如生，减少了对真人演员的依赖，并为创作带来了无限想象空间。此外，特效制作智能化显著降低了制作成本，缩短了制作周期，通过生成对抗网络（GAN）等技术，AIGC 可以生成高质量的特效画面，为观众带来震撼的视听体验。这些技术的应用不仅大幅提升了影视作品的制作效率，还开辟了全新的创作方式。例如，科大讯飞利用自然语言技术生成的方言短片，展示了 AIGC 在文化传播中的潜力，推动了传统文化与现代科技的深度融合。而在未来，随着 AIGC 技术的不断进步，虚拟现实（VR）和增强现实（AR）技术的结合，将进一步拓展影视创作的边界，为观众提供更加沉浸式的观影体验。

三、AIGC 在传媒领域的潜在风险

（一）新闻业：媒介选择下的知识偏差和谣言扩散

AIGC 技术虽然极大地提高了新闻生产效率和内容生成能力，但同时也带来了知识偏差和谣言扩散的风险。AIGC 生成新闻内容时，依赖于训练数据的质量和多样性。如果训练数据本身存在偏见，生成的新闻内容就可能会不自觉地反映这些偏见，导致特定群体的利益受损或误导公众。此外，AIGC 技术在新闻传播中的迅速普及也加剧了谣言的扩散，由于自动生成内容的速度远远超出人工创作，错误、未经核实的消息可能会以更快的速度传播，扩大其影响范围。在社交媒体和其他即时传播平台上，这种现象尤为明显。用户往往难以区分人工智能生成的新闻内容与传统新闻报道，从而增加了谣言被误认为真实信息的可能性。

（二）广告业：数字化生存中的隐私安全和营销泛滥

广告内容的生成和投放高度依赖于用户数据，这些数据的收集和处理带来了隐私泄露的风险。用户的浏览记录、消费习惯等个人信息被用于广告的精准投放，虽然提升了广告有效性，但也引发了对个人隐私保护的担忧。特别是在数据泄露事件频发的背景下，如何在利用数据驱动广告效益与保护用户隐私之间取得平衡，成为亟待解决的问题。同时，AIGC 技术的进步使得广告生成变得更加容易和廉价，导致广告数量激增，用户在各种平台上接触到大量广告信息，可能引起审美疲劳和信息过载。这种营销信息的泛滥不仅降低了用户的广告体验，还可能削弱广告的实际效果。

（三）影视业：媒介依存下的版权侵犯和创意依赖

在影视业中，版权侵犯和创意依赖问题日益凸显。AIGC 生成的影视内容可能涉及复杂的版权归属问题，由于这些内容通常是基于大量现有数据训练生成，可能会无意中使用受到版权保护的素材，进而引发版权纠纷。此外，AIGC 技术可能导致创意依赖，创作者过度依赖算法和生成模型，逐渐丧失了原创思维和创造力。长此以往，影视作品的同质化现象将愈发严重，整体创作质量也可能因此下降。

四、AIGC 在传媒领域的应用

（一）AIGC+ 文本生成

AIGC 技术在文本生成方面的应用，已经成为新闻领域的一项革命性进展。通过自然语言生成（NLG）技术，AIGC 能够从大量数据中学习语言模式和结构，自动生成内容翔实、逻辑清晰的新闻稿件。传统新闻报道通常依赖记者的人工采写和编辑，不仅耗时费力，而且容易受到个人情感和认知偏差的影响。而 AIGC 技术则可以在短时间内处理和分析海量信息，提取出关键信息点并生成高质量的新闻文本，从而极大地提高新闻生产效率和准确性。例如，AIGC 可以根据输入的关键词或主题自动撰写新闻报道，覆盖从突发新闻到专题报道的广泛内容。其生成的文本不仅语句通顺、逻辑严谨，而且能够避免人为错误，保证报道的客观性和一致性。新闻机构可以利用这一技术，在第一时间发布准确、详细的新闻报道，抢占新闻发布的先机。

（二）AIGC+ 视频剪辑

视频剪辑中的 AIGC 技术核心在于通过深度学习和计算机视觉技术，实现视频内容的智能剪辑和优化。传统视频剪辑往往需要大量的人力和时间投入，而 AIGC 技术能够通过自动化的方式，大幅提高效率和质量。具体来说，AIGC 通过对视频素材的内容进行深入分析，包括场景识别、人物动作捕捉、背景音效提取等，实现精准的片段选取和剪辑。举例而言，AIGC 可以识别并剪辑出视频中的高光时刻，将其组合成精华片段，适用于新闻报道、短视频制作等多种场景。此外，AIGC 还能够根据设定的风格和主题，自动调整视频的色调、音效和过渡效果，使最终生成的视频更加符合预期的审美标准，显著提升了视频制作的效率和传播效果，还为创作者提供了更多的创作空间和灵感。

（三）AIGC+ 数字人

AIGC 技术在数字人领域的应用，是传媒行业的一大创新亮点。数字人，即虚拟主播或虚拟形象，通过人工智能技术驱动，具备了逼真的外貌、流畅的语音和自然的表情动作。AIGC 技术能够为数字人提供丰富的内容和智能化的互动能力，使其在新闻播报、广告宣传等领域发挥出色的作用。在新闻播报方面，数字人可以根据预设的新闻脚本，通过自然语言生成和语音合成技术进行实时播报，提供与真人主播相媲美的效果，节省了大量人力成本，还能够在短时间内生成多种语言版本的新闻内容，满足全球化传播的需求。在广告宣传领域，数字人可以根据用户数据生成个性化的广告内容，通过与用户互动，提高广告的精准度和有效性。数字人的外貌和声音可以根据品牌形象进行定制，使其更具辨识度和亲和力。此外，数字人还可以在直播平台上与观众进行实时互动，通过回答观众的问题、展示产品特性等方式，增强用户体验，提升品牌影响力。

（四）AIGC+ 声音应用

AIGC 技术通过先进的语音合成和音频生成技术，不仅能够模拟人类语音，还可以根据不同场景和需求生成高度个性化的音频内容。这一技术在新闻播报、广告配音、娱乐等多个领域都有广泛应用。在新闻播报方面，虚拟主播可以根据实时新闻数据进行语音播报，减少了人力成本，还提高了新闻发布的时效性和准确性。在广告配音领域，AIGC 可以生成具有特定情感和风格的语音，增强广告的感染力，提升用户体验。此外，AIGC 在娱乐领域的应用也颇为广泛，例如智能音频助手、虚拟角色配音等，进一步丰富了用户的视听体验。通过深度学习模型和大数据训练，AIGC 能够生成自然流畅、情感丰富的语音，为各类应用场景提供高质量的声音解决方案。

（五）AIGC+ 视频生成

AIGC 技术在视频生成领域的应用日益广泛，带来了颠覆性的变革。通过深度学习和生成对抗网络（GAN）等技术，AIGC 能够生成高质量的视频内容。这些生成的视频不仅在画质上接近真实，甚至在连贯性和创意上也不逊色于传统人工制作。例如，在新闻报道中，AIGC 可以根据文字描述自动生成相关视频，大幅提升新闻制作的效率和准确性；在广告宣传中，AIGC 可以根据用户偏好生成定制化的视频广告，增强广告的吸引力和传播效果；在影视创作中，AIGC 能够生成复杂的特效和场景，降低制作成本，同时为创作者提供更多的创作自由和可能性。然而，尽管 AIGC 视频生成技术展现了巨大的潜力，其应用仍面临诸多挑战，如视频数据的复杂性、高质量生成模型的需求以及版权问题的规避等。

（六）AIGC+ 数据分析

通过深度学习和机器学习算法，AIGC 能够从海量数据中提取出有价值的信息，并生成数据分析报告，为新闻、广告、影视等传媒行业提供决策支持。具体来说，AIGC 可以自动化处理数据清洗、数据挖掘和数据可视化等任务，显著提升数据分析的效率和准确性。例如，在新闻领域，AIGC 可以实时分析社交媒体数据，识别热点新闻事件并生成分析报告，帮助新闻机构快速响应公众关注点。在广告领域，AIGC 可以分析用户行为数据，精准定位目标用户群体，并生成个性化广告策略，提升广告投放效果。在影视领域，AIGC 可以对观众反馈数据进行深度分析，提供创意指导和市场预测，助力影视作品的制作与推广。通过结合大数据和人工智能技术，AIGC 在数据分析方面的应用，不仅能够提高工作效率，还能挖掘出数据背后的深层次价值，推动传媒行业的智能化发展。

五、结语

AIGC 技术的应用正在迅速改变传媒领域，带来前所未有的创新和机遇。在新闻业，AIGC 技术提升了新闻发掘和编发的效率与质量，满足了即时新闻传播的需求；在广告业，AIGC 通过精准的数据分析和个性化内容生成，增强了营销效果，提高了用户的参与度；在影视业，AIGC 技术突破了传统创作的限制，提供了更为丰富的创意手段和表现形式。然而，AIGC 的迅猛发展也伴随着一系列潜在风险，如新闻内容的偏见和谣言扩散、用户隐私的侵害及广告泛滥，以及版权侵犯和创意依赖等问题。这些挑战要求我们在享受 AIGC 带来便利和创新的同时，必须强化伦理监管，完善法律框架，确保技术在合规、安全的前提下发展。

AI 引领新闻传播新浪潮

摘要：近年来，随着信息技术的飞速发展，人工智能（AI）技术逐渐渗透到各个行业，新闻传播领域也不例外。AI 技术的应用改变了传统的新闻采集、生产和分发模式，使得新闻业面临着前所未有的机遇和挑战。然而，随着 AI 技术在新闻传播领域的深入应用，也引发了一系列的问题和挑战，如新闻内容同质化、虚假信息泛滥、信息茧房效应、隐私和知识产权的保护以及对传统新闻从业者的职业威胁等，这些问题迫切需要学界和业界共同探讨解决，促进人工智能技术与新闻传播行业紧密结合，加快构建全新的新闻传播格局，推动新闻传播行业的智能化、现代化、持续性发展。

引言

在信息时代，新闻传播领域正在经历着前所未有的变革。随着互联网和社交媒体的迅猛发展，新闻生产、传播和消费方式发生了翻天覆地的变化。传统媒体面临着来自数字化、网络化的挑战，新闻内容的生产和传播环境发生了根本性转变。与此同时，自然语言处理、图像识别、推荐系统等人工智能技术的应用，不仅为新闻生产提供了更高效、更精准的工具，也为新闻传播带来了更加个性化、多样化的体验。因此，深入研究人工智能技术在新闻传播领域的应用，不仅能够更好地理解新闻传播的发展趋势，也为新闻传播领域的实践提供了重要的参考和启示。

一、人工智能技术相关概述

人工智能技术是当前科技领域最为前沿的研究方向之一，核心在于通过模拟人类的认知和决策过程，赋予机器以智能，从而实现感知、学习、推理和自主行动的能力。人工智能的发展不仅依托于计算机科学的进步，更得益于数据科学、大数据分析和深度学习算法的突破，这使得人工智能能够在各种复杂环境中表现出卓越的适应性和自我优化能力。近年来，人工智能在各个行业中的应用不断拓展，尤其在新闻传播领域，其影响尤为显著。通过智能化的新闻采集、生产和分发，人工智能不仅极大地提升了新闻工作者的效率和精准度，也在新闻内容的丰富性和多样性方面带来了前所未有的创新。

二、人工智能技术对新闻模式重构分析

（一）人工智能赋能新闻采集

新闻采集作为新闻传播的起点，对信息的准确性和时效性要求极高。人工智能技术的引入彻底革新了这一环节，使得新闻采集变得更加高效和精确。通过机器学习和数据挖掘技术，AI可以从海量数据中快速提取有价值的信息，进行深度分析和处理。各种智能设备和机器人被广泛应用于新闻采集过程中，这些设备不仅能够全天候运行，还能在突发事件发生时迅速响应，捕捉到第一手资料。例如，通过对社交媒体平台、新闻网站以及其他在线资源进行实时监控，AI能够快速识别出潜在的新闻线索，并自动生成初步的报道草案，大大提高了新闻采集的效率，还确保了信息的广泛性和多样性，为记者的后续工作提供了坚实的基础。此外，人工智能技术还能够预测新闻事件的发展趋势，帮助新闻机构提前部署资源，做好报道准备，这种预见性功能，使得新闻报道变得更加前瞻和有深度，有效提升了新闻行业的整体水平。

（二）人工智能赋能新闻生产

1.机器智能生产新闻内容

人工智能通过利用大数据分析、自然语言处理和机器学习技术，能够快速高效地生成各种类型的新闻内容。以新华社的"媒体大脑"为例，该平台于2017年12月在成都推出，标志着我国在媒体人工智能领域的前沿探索。该平台通过收集并分析海量数据，生成了首条由机器生产的财经和体育新闻。这一创新不仅解放了记者们的双手，使他们从烦琐的日常工作中解脱出来，更让他们有更多时间和精力投入到深度报道和独家新闻的创作中。机器智能生产的新闻内容，尤其适用于数据密

集型的报道领域，如财务报表、体育比赛统计和选举结果分析等。这些领域的新闻需要准确和快速地处理大量数据，而人工智能恰好能够胜任这类高强度的任务。例如，在金融新闻领域，AI可以实时分析股市行情，撰写即时的市场报告，提供精准的数据分析和预测，提高了新闻生产的效率，也大大提升了新闻的时效性和准确性。然而，机器智能在新闻生产中的应用不仅仅是速度和效率的提升，还为新闻内容的多样化和精准化提供了新的可能。通过个性化的新闻推送服务，人工智能可以根据用户的阅读习惯和兴趣偏好，定制化地生成和推送符合其需求的新闻内容，也为新闻机构开辟了新的营利模式。

2. 机器写作应用方向

机器写作技术的应用范围广泛且潜力巨大，能够实现大规模、不间断的新闻内容生产。借助于大数据处理和语料库技术，机器写作可以在短时间内生成大量的文字、视频、音频等多种形态的新闻内容。这种高效性和准确性，使得新闻从业者可以将更多的时间和精力投入到深度报道和创意性工作中。机器写作的自动化和智能化特性，能够根据用户的阅读习惯和偏好，定制化地生成和推送个性化内容，不仅提高了新闻内容的相关性和用户体验，还大大增强了新闻传播的精准度和效率。例如，中国地震台网通过机器写作技术，在地震发生后几分钟内发布了详细且规范的地震报道，展示了机器写作在突发事件中的快速响应能力。此外，机器写作还可以在财经、体育等领域发挥重要作用，提供及时、精确的数据分析和报道，为用户带来更为丰富和全面的新闻资讯。

（三）人工智能赋能新闻分发

1. 机器算法

当前，算法推荐技术已经成为新闻分发领域的核心工具，其运作原理基于用户浏览历史和行为数据，通过创建用户画像，精准推送符合用户兴趣的新闻内容。这种个性化推荐方式不仅极大地提升了新闻传播效率，也使得信息传播更加符合受众需求。算法推荐技术在提高信息分发效率的同时，也带来了深刻变革。首先，改变了传统新闻编辑依赖新闻价值的编辑模式，转而以用户兴趣为导向，这在一定程度上使得新闻内容更具针对性和吸引力。此外，算法不仅在新闻分发中扮演重要角色，在信息的搜索、融合、解读和挖掘等方面也发挥了巨大作用。例如，通过复杂的数据挖掘技术，算法可以从大量的新闻数据中提取出有价值的信息，进行深度分析和解读，从而提供更具洞察力的新闻报道。

2. 机器算法应用方向

在新闻分发领域，机器算法的应用不仅限于个性化推荐，还在多种场景中展现出广泛的应用潜力。算法通过分析用户的阅读习惯和兴趣爱好，为用户生成精准的新闻推送，从而实现内容的个性化定制。此外，算法在新闻场景推荐中的应用也逐渐深入。例如，CNN（美国有线电视新闻网）的"Breaking News+"客户端通过利用地理定位技术，识别用户所在的位置，并根据位置推送相关的本地新闻。这种时空互联的方法大大增强了新闻的实时性和相关性，使用户能够在第一时间获取身边发生的重要事件信息。通过增加受众与新闻内容的接近性，机器算法不仅提升了新闻传播的效率，还强化了用户与新闻的互动性。机器算法还在舆论监测和热点预测中发挥重要作用，通过对社交媒体和新闻网站的海量数据进行实时分析，算法能够识别出潜在的热点话题和舆论风向，为新闻机构提供有价值的参考信息，助力新闻决策和内容策划。

三、新闻传播领域应用人工智能面临的困境

（一）新闻内容同质化且虚假信息滋生

在人工智能技术推动下，新闻内容的生产效率得到了极大提升，但随之而来同质化和浅薄化问题，许多由人工智能生成的新闻内容缺乏深度分析和人文关怀，往往停留在表面，无法引发读者的深层次思考，这种趋势削弱了新闻价值，也导致了新闻内容的高度重复，使得受众难以从中获取有价值的信息。此外，人工智能在新闻生产中的应用还助长了虚假信息的滋生，由于算法局限性和数据源复杂性，机器生成的内容可能包含不准确甚至错误信息，导致虚假新闻传播。这些问题的存在，严重影响了新闻媒体的公信力和社会责任的履行。

（二）算法分发导致"信息茧房"

算法推荐技术在新闻分发中广泛应用，虽然极大地提高了信息推送的精准度和用户满意度，但也带来了深远的负面影响，即"信息茧房"现象。这一现象指的是用户在接收信息时，由于算法根据其浏览历史和个人偏好进行个性化推荐，使得

用户只能接触到与自身兴趣和观点相符的信息。这种信息获取方式虽然在短期内满足了用户需求，但长此以往，用户视野会变得狭窄，难以接触到多样化的信息和不同的观点。更为严重的是，信息茧房会导致用户对社会公共事务关注度降低，削弱其社会责任感和公共参与意识。此外，过度依赖算法推荐还可能加剧信息的偏见和极化，形成所谓的"回音壁"效应，使得用户在信息的循环中陷入自我强化的状态，进一步加深对其他观点和信息的排斥。

（三）难以保障他人的隐私权与知识产权

人工智能技术的广泛应用带来了许多便利，但也引发了严重的隐私泄露和知识产权保护问题。首先，大数据收集和处理能力使得用户个人信息极易被暴露和滥用。新闻机构和平台在利用人工智能进行数据分析和个性化推荐时，常常会涉及对用户数据的深度挖掘，这一过程如果缺乏有效的监管和保护措施，极可能导致用户隐私泄露。此外，人工智能生成的内容在版权归属上也存在复杂的法律问题。由于新闻生成过程涉及大量数据和内容的抓取与再加工，这些数据和内容的原始来源如果没有得到明确授权，可能会侵犯他人知识产权。尤其是在机器写作和自动生成内容日益普及的今天，如何明确人工智能生成内容的版权归属，如何保护原始创作者的合法权益，成为新闻传播领域亟待解决的问题。

（四）压缩新闻从业者的就业空间

人工智能技术迅猛发展，虽然在新闻生产领域带来了诸多效率上的提升，但也对传统新闻从业者的就业环境造成了巨大冲击。随着新闻机构越来越多地依赖于 AI 写作和数据分析，许多原本需要人工完成的工作被机器替代，导致新闻从业者就业岗位逐渐减少，使得部分新闻从业者面临失业风险，还增加了他们在职场中的焦虑感和不确定性。更为严重的是，机器生成的新闻内容虽然高效，但往往缺乏人类记者独有的视角和深度分析，长期依赖这种内容可能导致新闻报道的质量下降。面对这样的挑战，新闻从业者不仅需要不断提升自身的专业素养和技术能力，更要适应与 AI 协同工作的新模式，才能在日益激烈的职场竞争中立于不败之地。

四、人工智能新闻问题应对

（一）新闻工作者：发挥人的主体性

在人工智能技术迅猛发展的背景下，新闻工作者需要更加重视自身主体性，确保新闻内容的人性化和深度报道。尽管人工智能可以高效地处理和生产新闻内容，但它无法替代人类独特的情感洞察和社会责任感。新闻工作者应当利用人工智能的技术优势，将其作为辅助工具，而非完全依赖。通过深入调查研究和细腻的文字表达，记者可以提供更具人文关怀的报道，捕捉事件背后的故事和社会脉络。只有这样，新闻报道才能真正引起读者共鸣，激发公众思考和行动。此外，新闻工作者应当不断提升自身专业素养和道德标准，在信息泛滥和虚假新闻充斥的时代，守护新闻的真实性和公正性，这不仅是对职业道德的坚守，也是对社会责任的担当。

（二）新闻机构：明确人工智能问责机制

新闻机构有责任建立明确的人工智能问责机制，不仅包括技术层面的监督，更要结合伦理和法律层面综合管理。首先，新闻机构应提升算法透明度，确保算法推荐和内容生成过程公开化，避免因黑箱操作导致信任危机。其次，应设立专门的审核团队，对 AI 生成的内容进行严格把关，确保新闻的真实性和准确性。此外，明确人工智能在新闻生产中的责任划分，对每一篇 AI 生成的新闻内容，都应指派具体的负责人进行审核和背书，从而实现人与机器的责任绑定。只有通过这些措施，才能在利用人工智能提升新闻生产效率的同时，保障新闻报道的公正性和可信度，避免因技术失误或滥用而引发的社会问题。

（三）技术层面：技术革新加人工把关

在新闻传播领域，人工智能技术尚处于不断发展和完善的过程中，因此通过技术革新提升新闻伦理标准显得尤为重要。第一，需要明确技术使用的界限，人类对机器的使用不应超越伦理和法律底线。第二，机器在对信息进行筛选和处理时，应运用精准的算法，严格筛选新闻来源，从源头上杜绝虚假信息的传播。第三，新闻从业者应始终发挥"把关人"的作用，确保所传播信息的真实性和准确性。通过人类与人工智能的有机结合，可以有效避免信息的偏差和失真。第四，面对算法推荐引发的"信息茧房"现象，应不断优化算法，确保信息的多样性和全面性，使受众能够接触到更多元的观点和内容。

（四）法律层面：法规政策和监管力量双管齐下

在法律层面，针对人工智能在新闻传播领域的应用，必须采取法规政策和监管力量双管齐下的措施。一方面，政府应制定和完善相关法律法规，明确人工智能技术的使用边界和准则。法律应对人工智能在新闻采集、生产和分发中的具体应用进行详细规定，确保技术合法合规使用。同时，应特别关注用户隐私保护和知识产权问题，通过立法手段严厉打击数据滥用和侵犯隐私的行为，从而保护公众的合法权益。另一方面，监管机构应加强对人工智能技术应用的监督，建立有效的监管机制，实时监控人工智能在新闻领域的操作和输出。监管机构不仅要关注技术本身的合规性，还应审查新闻内容的真实性和公正性，防止虚假信息和偏见传播。此外，社会各界也应参与到监管过程中，共同监督和反馈人工智能应用中的问题，形成多方合作的监管体系。法律法规和监管力量的双重保障，可以有效规避人工智能技术在新闻传播中的潜在风险，推动行业向健康、有序的方向发展。

五、结语

综上所述，人工智能技术在新闻传播领域的广泛应用带来了工作效率提升、工作形式创新，但也引发了新闻内容同质化、隐私权侵害等问题。要实现人工智能与新闻行业的共荣发展，需从技术革新、法律规范、责任机制等多方面入手，确保新闻的真实性和多样性。同时，新闻工作者应发挥其不可替代的创造力和人文关怀能力，弥补人工智能的不足，推动新闻传播向善发展。

主流媒体融合转型存在的问题与策略思考

近年来，随着我国媒体融合发展的深入，主流媒体的融合转型取得丰硕的成就，但仍然存在一些亟待解决的问题，从思维认知到转型模式，再到技术崇拜等诸多方面仍存在明显不足，不利于融合转型的深化。因此，我们既要肯定融合发展取得的成就，也要正视客观存在的问题，并思考解决策略，以推动主流媒体融合转型的不断深化。

一、主流媒体融合转型中现存问题分析

（一）融合转型认知浅薄化和固化

自融合转型大幕拉开以来，许多主流媒体在未清楚认识"融合转型"为何物时，就开始转型探索。一些主流媒体认为"融合转型"就是开设"两微一端"（微博、微信及新闻客户端），甚至不少媒体人也简单地认为所谓"新媒体"内容就是将传统媒体的内容复制粘贴至新媒体平台再发布一遍。正是这样的错误认知，导致媒体转型发展四处碰壁。例如：用户经常在公众号中看到冗长且枯燥的内容，而且其内容排版也未按照新媒体传播的规律来进行，这就导致用户阅读不适，从而将用户"劝退"。

时至今日，很多媒体人对融合转型的认知还是片面的、浅薄的甚至是固化的，无法动态地认知融合变革，更遑论与时俱进地推动融合转型。在这个新技术日新月异、新模式剧烈演变的时代，如果没有动态的变革思维，没有科学的认知习惯，没有超前的视野，是做不好融合转型工作的。

（二）融合转型模式"守旧"和"虚化"

目前，我国许多主流媒体仍将新媒体当作工具，没有真正利用新媒体思维来重塑媒体运营流程。例如：媒体在内容生产中，只是将内容二次编辑加工之后就推送

出去，以此作为传播活动的终点，而未重视用户反馈和意见的收集。另外，在内容生产加工中，未能将用户的切实需求纳入考量范围，未能使用新呈现形式、新媒介形态，从而导致内容传播效果受到很大影响。又如，很多主流媒体为了响应号召，积极搭建"中央厨房"，"厨房"虽然建好了，炒的却仍是"冷盘旧菜"。由此可见，主流媒体只有真正读懂、接纳、拥抱新媒体，才能推陈出新，创新融合模式，重塑发展模式。

（三）对新媒体技术"盲目崇拜"

新媒体作为一种新的技术与媒介形式，在诞生之初招致许多主流媒体的"盲目崇拜"，从而出现对新媒介、新技术的滥用，不仅没能促进媒体的融合转型，反而浪费了大量的精力和财力。

因此，媒体人要认识到，对于新媒体的盲目崇拜并不是融合转型应有之义，转型发展的本意是找到新旧媒体之间契合的部分，在不断地交互中实现二者的融合。而我国许多主流媒体在转型中并未结合自身实际情况，盲目地跟风使用新媒体技术，此举不仅未能促进融合，反而使媒体丧失了自身特色。

媒体的融合发展并不是简单的替代关系，而是新媒体和传统媒体各司其职，在保留自有优势的基础上，实现共同发力，建立起形式更加多样的内容产品，为用户提供更加专业、更加个性的服务。

二、主流媒体深化融合转型的策略思考

从前文阐述的问题我们可以看出，媒体的融合转型是一个系统的工程，不仅要在内容制作及传播方面实现数字化、智能化，更要在体制机制方面进行革新，突破现有机制的束缚，为融合转型打下坚实基础；另外，还要在运营层面进行创新，对优势资源重新进行整合、分配，突破行业间的坚壁，实现跨领域合作；同时还要将新旧媒体完美融合，使它们之间产生化学反应，共同改变目前的传播模式。

（一）紧盯新技术发展规律，探索技术赋能和融合转型

融合转型的动因是由于新兴科技的不断成熟，而传播媒介的革新实际上就是冲破技术的束缚，以重构媒介生态环境。所以，要实现转型就必须更加主动地应用各种新技术。5G、AI、物联网、大数据等新兴科技的蓬勃发展，给媒体融合转型带

来了全新的突破口。为了保证媒体融合转型的有效发展，新技术在向媒体提供融合转型动能的同时，媒体也要按照技术的发展规律来进行生产及运营层面的重组。

目前，我国许多主流媒体在新技术的运用上已取得了一定成就。例如：新华社在 2020 年全国两会召开之际，发布了全世界第一个"3D 人工智能合成主播"，能够对新闻内容进行实时播报，其表情动作、表达能力均与真人主播相近。又如：在 2020 年全国两会的报道中，中央电视台记者就采用了"AR 眼镜 + 文字通讯"的报道模式，此模式在为记者"减负"的基础上，也能将后方的采访需求实时传送到 AR 眼镜中，此举既能提升前后方的沟通效率，也提升了前方记者的工作效率。

由此可见，新技术的使用已深刻地改变了媒体运营的每一个流程，使媒体能够为用户提供更加多样且优质的内容产品。

所以说，"技术"是融合转型中最重要的动能。

（二）紧抓思维更新，深入革新体制机制

如果说技术的应用是媒体从实践层面进行革新，那么，媒体融合要能够更加持续，就要从思维上进行转变。

首先，转变为以"传者"为主的思维模式。在以往的媒体传播活动中，均是以"传者"为中心的，即"传者"生产什么，"受者"就接收什么。而在以"受者"为中心的新媒体语境下，这套传播模式已经行不通。所以，传统媒体在转型时首先要从以"传者"为主转变为以"受者"为主，即在产品的定位、内容的生产上与用户接轨，将用户的喜好、需求作为媒体内容生产的唯一主旨。同时，还要建立起畅达的交流渠道，与用户建立起良好的交互关系，深入发掘用户的深层次需求，以便后续能够更加有针对性地进行内容生产。

其次，转变"部门分管，层层审批"的思维模式。由于媒体单位以前在部门设置和部门职能方面都较为分散，出现部门"各自为政"的情况，各部门之间交流互动并不频繁，而且内容在发布前还要经过层层审核，严重影响了内容的时效性。对此，媒体要转变各部门之间交流不畅的现状，建立起"中枢制"的管理制度。简而言之，就是将各部门联合起来，在同一领导班子的指挥下协同运营。另外，媒体传统的内容审核模式已被证明不适应新媒体时代的要求。所以，媒体要在保证内容质量的前提下精简内容审核流程，以提升信息发布的时效性。

再次，转变"按岗分配、按职分配"的思维模式。由于媒体以往"按岗分配、按职分配"的薪资制度严重阻碍了媒体内部人员的工作积极性，所以，要革新目前的薪金分配制度，突破岗位、职位的限制，构建起"按量考核、按质考核"的分配体系，充分调动员工的积极性。

最后，转变"兼职"的思维模式。目前，我国许多主流媒体新媒体职位是由普通编辑"兼职"的，此举既降低了新媒体运营的专业性，也加重了人员的工作负担，不利于媒体的融合转型。媒体要通过招聘、培养等方式构建起高度专业的新媒体采编队伍，为用户提供更为精良的新媒体产品，从而提升媒体的美誉度和影响力。

（三）重塑产业结构，积极搭建新型媒体平台

互联网技术在近年来取得了良好的发展势头，媒体产业结构也随之被不断重塑。目前，跨领域融合、新闻资源分享共用、打造平台型媒体，已成为媒体融合转型的主要方式。

首先，媒体要对原有的生产机制和生产流程进行重新整合，建立全覆盖、立体式的传播矩阵，拓展传播路径，重构与用户之间的联结。对此，我国许多主流媒体已做出了有益的探索。例如：为了更好地报道 2020 年全国两会，海南广播电视总台构建起了"融媒体 5G+"的报道模式，实现了报道流程的全面数字化升级。同时，凭借 5G 的技术优势，实现了两会现场画面的高速传输，记者在海南省就能与千里之外的海南代表进行实时连线，就群众关注的热点问题进行交流。另外，海南广播电视总台融媒中心还加入由全国 16 家省级主流媒体组建的"全国区块链编辑部"，借助区块链编辑部的传播力量将优质内容向全国推荐，将"海南声音"传播到更远的地方。由此可见，通过产业结构重塑能够实现内容的多路径传播，同时也能建立更畅达的传受交互机制，在达成多路径传播和提升覆盖面的基础上，重构传受二者间的关系。另外，随着短视频平台的兴起，我国各大主流媒体也开始借助移动传播的优势将信息向更远的地方传播。

其次，主流媒体的跨界合作也成为融合转型的重要组成部分，主流媒体间、主流媒体与新媒体、企业间形成良好协作，以拓展现有平台或建构新平台的方式来推进融合转型。目前，我国省级电视台和广播电台已经完成整合，建构起了传播力更强的"广电一体式"运营格局。2020 年 3 月，抖音联合湖南卫视、湖北卫视、深圳

卫视等六大卫视对抗疫类节目进行了网络传播。其中，既有江西卫视《放心吧生活》抗疫正能量的优质内容，也有安徽卫视《运动吧健康》的健身内容，更有浙江卫视出品的《世界为你醒来》抗疫MV，题材新颖、内容丰富。这种跨领域合作的模式既取得了盈利，也带给观众全新的收视体验。

（四）冲破媒介"特质"藩篱，加速媒体大融合发展

从媒介"特质"层面来看，传统媒体的传播线路是单向的，在内容生产和传播方面有着严格的规制。而新媒体是双向互动的，更为重视用户的体验，能够满足用户的表达欲望，同时也能促进信息的公开、共享和交流。

由于二者的"特质"存有较大差异，在融合时难免会产生摩擦。对此，传统媒体需转变思维模式，将信息传播与信息服务完美融合，在为用户提供优质内容的同时也为其提供更加精良的服务。同时，用户也将从单纯的信息接受者转变为信息的生产者、传播者、反馈者，使"用户至上"的思维扎根生长。

此外，由于媒体融合转型赋予了用户"信息消费者"的角色，所以，传统媒体也要转变经营模式，建构起"免费、付费"并行的模式。首先，传统媒体要努力转变用户的"免费"思维，培养起其为优质内容"付费"的习惯。其次，要充分发挥传统媒体在内容上的优势，努力生产有深度、有角度的内容，为那些付费用户提供更为优质的内容。再次，传统媒体除了依靠广告实现营收之外，还需要综合多种经营模式，除了前文阐述的"付费"之外，还可为用户提供更加多样的增值服务，不断丰富媒体产业链，构建起"免费 + 付费"的营收模式，努力使媒体融合朝着更加良好的方向发展。

参考文献：

① 陈建华：《媒体融合环境下我国科技期刊转型发展的困境及对策》，《编辑学报》2020年第2期。

② 张娇娇、卢化福：《地市级党报打造本土短视频品牌的现实路径——以淮安报业传媒集团〈软兜视频〉为例》，《新闻世界》2020年第3期。

③ 王文利、扬俊彦：《论早期中国广播转型中的"媒介融合"实践》，《现代传播》（中国传媒大学学报）2020年第4期。

实务篇

党心所向　军心所盼　民心所归

——我省干部群众热烈拥护习近平当选国家主席、中央军委主席

本报记者：尤婷婷

（2018 年 3 月 17 日）

本报北京 3 月 17 日电　今天上午，第十三届全国人民代表大会第一次会议举行全体会议，选举产生新一届国家机构领导人员，习近平同志全票当选中华人民共和国主席、中华人民共和国中央军事委员会主席。出席十三届全国人大一次会议的甘肃代表团代表们一致表示，这充分体现了党的意志、人民意志、国家意志的高度统一，充分反映了全党全军全国各族人民的共同愿望和心声。

"在这伟大而庄严的时刻，我的心情特别激动。"仁青东珠代表说，"习近平同志全票当选国家主席、中央军委主席是民心所向，众望所归，会场长时间响起热烈的掌声，足以表达全国人民的心声。"

唐晓明代表说，坚决拥护习近平同志当选国家主席和中央军委主席，这是广大人民的心声。作为一名全国人大代表，投这神圣的一票，非常荣幸。

"我们选出了一位全国各族人民衷心爱戴的领袖，信心满满，干劲十足。我们要紧密团结在以习近平同志为核心的党中央周围，团结一心、矢志奋斗，就没有什么困难不能战胜。"马百龄代表说。

马银萍代表深有感触地说，这些年，只要是老百姓的事情，无论大事小情，总书记都牵挂着、惦记着，把群众当自己的亲人，群众的吃穿用度都是他眼里的大事，这让大伙觉得很温暖。全票背后，是党心所向、民心所盼！

王刚代表表示，这次选举充分反映了全国各族人民的共同愿望和心声，必将鼓舞和团结亿万人民同心同德，为实现中华民族伟大复兴的中国梦而不懈奋斗。

马天龙代表说，这显示了中国特色社会主义的独特政治和制度优势，有利于坚持和加强党的全面领导，有利于坚持和完善党和国家领导体制，有利于维护以习近平同志为核心的党中央权威和集中统一领导，为实现党的十九大描绘的宏伟蓝图筑牢坚实的政治根基、组织根基。

一张张庄严选票，一阵阵如潮掌声，一份份欢欣鼓舞。代表们一致表示，要坚决维护习近平总书记党中央的核心、全党的核心地位，坚决维护以习近平同志为核心的党中央权威和集中统一领导，一步紧跟一步行、撸起袖子加油干，汇聚同心共筑中国梦的磅礴力量，书写新时代中国特色社会主义事业的辉煌篇章。

传媒行业再出发　一定大有可为

——甘肃代表团富康年亮相"代表通道"

本报记者：尤婷婷

（2018 年 3 月 21 日）

3 月 20 日上午，十三届全国人大一次会议开启第五场"代表通道"，全国人大代表，读者出版传媒股份有限公司读者杂志社社长、总编辑富康年与其他 8 位代表走进"代表通道"，共同回答中外记者的提问。

《读者》是一本家喻户晓的杂志，在移动互联网时代"流量为王"的冲击下，富康年向大家娓娓道来了传统媒体坚守"内容为王"的理念。

富康年说："'内容为王'的核心逻辑，就是只有做出更优质的内容，才能赢得更多的客户，这个观点不仅没有过时，而且在当下具有更强的现实针对性。我对'内容为王'有两个维度的理解：第一，既然是'王'，就要走在前面。所有的文化产品应该把社会效益放在前面。《读者》杂志诞生于甘肃兰州，37 年来，一直奉行'做好内容就是最大的营销'的理念，用人文精神来滋养国人的素质，影响了一代又一代人。前几天，我在驻地宾馆碰见了一位记者，他告诉我 1981 年刊登在杂志上的文章《最后一片叶子》到现在他仍记忆犹新。其实我在很多场所都能碰见这样的读者，这是对办刊人最大的鞭策，也是《读者》人 30 多年来念兹在兹、内化于心的文化自信。现在移动互联网时代，新媒体蓬勃发展，业内也流行这么一个观点——流量至上。我觉得为了争夺用户而一味迎合，缺失了价值看护的唯流量论是十分有害的，也是非常危险的。"

富康年说："'内容为王'的第二个维度的理解就是提供真正有营养、健康、有品质的内容，提供高质量的信息，使内容在与时俱进中产生引领价值。20 世纪 80

年代，改革开放初期，《读者》主要介绍国外的科技和文化；20世纪90年代注重介绍中国优秀的传统文化；进入21世纪，提倡守望精神家园，打造心灵读本；近年，随着国家的现代化，我们塑造健康的价值观，促进人的现代化。可以说在坚守中渐变，一直是《读者》发展的王道。有一种说法，每一个行业都分两个阶段，上半场跑马圈地，野蛮生长；下半场精耕细作，匠人崛起。我们也看到，靠雷人的标题、极端的观点和偏激的情绪吸引眼球而带来大量流量的媒体，现在也纷纷朝真实的故事、理性的观点和专业化的内容方向回归，这是一个必经之路，也是一个必归之路。"

"本次大会通过的宪法修正案，把国家提倡的社会主义核心价值观写了进去，这是文化从业者一个基本的遵循，也是我们在内容的供给侧结构性改革方面一个正确的方向。一位读者在《读者》微信公众号的后台这样留言：'每个人的每一天都是一个精彩的微电影，希望借助你们的笔来记录好我们精彩的人生。'的确，站在新时代的起点上，作为媒体人，我们理应运用更好的新技术，打造新业态，发掘更多鲜活生动的素材，讲好中国故事，传播好中国声音，为这个伟大的时代鼓与呼，这是一份责任，更是使命，也是我们企业本身做大做强的不二选择，我相信传媒行业再出发，一定大有可为。"富康年坚定地说。

富康年的侃侃而谈和精彩回答，赢得了在场记者和代表们的阵阵掌声。

用法治的力量保卫蓝天

——省人大常委会执法检查组检查甘肃省实施《大气污染防治法》综述

本报记者：尤婷婷

（2018 年 8 月 10 日）

打好污染防治攻坚战，重中之重是坚决打赢蓝天保卫战，还老百姓蓝天白云、繁星闪烁。

今年 5 月至 6 月，根据全国人大常委会要求和省人大常委会 2018 年工作安排，省人大常委会成立了执法检查组，全面检查了我省实施《中华人民共和国大气污染防治法》的情况。检查组实地察看了扬尘管控、清洁能源使用、燃煤锅炉提标改造、燃煤电厂超低排放改造、污染企业易地搬迁、城市污染治理、网格化管理等情况，听取有关汇报，调阅台账资料，并与省政府相关部门开展了专项询问。

多措并举，全力推动大气污染防治

新修订的《大气污染防治法》出台后，全省上下认真实施法律规定，以大气环境质量改善为核心，以大气污染物全防、全控为着力点，狠抓法律制度的落实。

执法检查组注意到，各市（州）针对本地大气污染防治实际和工作需要，制定了法规或规章制度。兰州市成立了环境能源交易中心，建立了排污权交易制度，探索插卡排污、燃煤电厂超低排放试点，利用市场机制和经济手段开展排污权、节能量交易等服务项目。

全省 14 个市（州）政府所在城区基本完成了燃煤锅炉淘汰拆并、清洁能源改造或达标治理"清零"任务，初步建成了优质煤炭集中配送和监管体系。目前，我省环境空气质量自动站监测网已覆盖全省 14 个市（州）86 个县（市、区），环境空气质量预报预警平台、空气质量联网监测平台建成投运，初步实现了省级环境监测数据的实时监控和实时发布。

严格执法，从严落实相关法律责任

2017年，省政府分管领导对空气质量完成年度目标任务严重滞后的5个市政府分管领导进行了预警约谈。各市(州)依法公开环境行政处罚案件信息，接受公众监督，倒逼企业履行环保主体责任。

省里对大气污染重点地区实行属地管理、全面覆盖、分级负责、责任到人，在城区全面推行污染防控"网格化"监管，全天候对污染源进行排查摸底，立行立改。

武威、临夏等市(州)通过建立监测微观站，精准定位大气污染源并进行溯源分析，推广网格监测手机APP，方便群众即查即知空气质量，随时举报环境污染违法行为，引导全民参与大气污染防治。

各市(州)严格执行《大气污染防治法》，实行环境保护"6+1"执法监管模式和"双随机、一公开"制度。省公安厅牵头开展了打击环境污染犯罪的"清水蓝天"行动。省生态环境厅组织开展了明察暗访、专项督查、交叉执法检查，及时发现问题，及时研究处置。

各级人大常委会把推进实施《大气污染防治法》作为一项重要任务，开展执法检查、工作调研，提出督办意见。近年来，省人大常委会开展了三次专门执法检查、工作调研，并利用开展"陇原环保世纪行"等活动将舆论监督和法律监督结合起来，促进污染治理和防控措施的落实。

抓主抓重，解决大气污染突出问题

省里列出燃煤锅炉整治、煤质管控、扬尘管控、黄标车淘汰、餐饮油烟治理、工业企业达标治理"六张清单"，实行挂账销号制度，按月动态更新并及时调度、察看和公开进展情况。严把产业准入，严控高污染、高耗能行业新增产能，强化节能环保指标约束，严格落实新建项目环评审批和节能审查制度。武威市对环评不过关、准备开建的项目坚决退出，白银市、庆阳市严治"散乱污"企业，不达标的一律不得生产。

据了解，截至 2017 年，新能源装机占全省电力装机的 41.4%，可再生能源装机占全省电力装机的 59%，新能源发电量占全省总发电量的 19.4%，可再生能源发电量占全省总发电量的 48.5%。为推动冬季清洁取暖，省政府实施清洁能源替代工程，出台了电价支持政策，2017 年清洁能源供暖比重达到了 30.4%。

各市（州）积极开展清洁取暖试点工作，兰州、天水、嘉峪关、酒泉、甘南等市（州）试点无干扰地岩热、空气源热泵和电蓄热锅炉联动等清洁取暖新技术，取代分散的燃煤锅炉，减少了污染源。

建言献策，完善长效机制，用法律保卫蓝天

采访中，省人大常委会执法检查组副组长、省人大环境资源保护委员会主任委员万鹏举告诉记者，执法检查中发现的问题比较突出，有思想认识方面的问题、资金投入缺口的问题、结构性污染突出的问题、空气质量改善不稳定的问题、体制机制不完善的问题、监管能力比较弱的问题等等。

为此，省人大常委会执法检查组建议：

——建立全省污染防治攻坚责任体系和考核评价体系，健全部门协同联动的协作机制，理顺监管体制，完善大气污染防治工作长效机制。

——要将大气污染防治专项资金纳入同级财政预算，不断加大省级环保专项资金支持力度，建立政府引导、企业为主、社会参与的多元化环保投入机制。

——按照国家《打赢蓝天保卫战三年行动计划》的部署，研究制定我省的实施方案及配套措施，明确工作目标、时间表、路线图和重点任务。

——严格依照上位法，结合本地实际，及时启动、加快制定修订配套法规，并督促政府出台实施法律法规的具体措施，健全我省大气污染防治制度体系。

相关链接："执法检查"诠释

什么是执法检查

执法检查是对法律法规实施情况的检查监督，是人大常委会十分富有成效的一种监督形式。人大常委会的执法检查不是一般性的工作检查，而是国家权力机关根

据法律的授权，针对法律法规的实施情况开展的专门检查。

执法检查的主体是各级人大常委会，执法检查的对象是法律法规实施主管部门。

执法检查的正式"身份"从何时起

执法检查正式成为常委会监督形式的一种，始于20世纪90年代初。1993年八届全国人大常委会制定了《全国人民代表大会常务委员会关于加强对法律实施情况检查监督的若干规定》，首次以法律形式确认了执法检查这种监督形式。

1999年九届全国人大常委会第十四次委员长会议又通过了《关于改进全国人大常委会执法检查工作的几点意见》，对执法检查的组织工作进行了规范。

2006年出台的监督法则列专章，将执法检查作为人大常委会监督工作7种方式之一，予以明确规定。

党的十八届三中、四中全会都对做好法律实施的监督工作提出明确要求，全国人大常委会认真落实党中央的工作部署，从2015年开始进一步加大了执法检查工作力度。近4年，每年执法检查项目都增加到6个。在数量增加的同时，积极探索执法检查工作机制的改进完善，初步形成了包括选题、组织、报告、审议、整改、反馈6个环节的"全链条"工作流程。

如何组织开展执法检查

按照规定，常委会的年度执法检查计划，要经委员长会议或者主任会议通过，还要印发常委会组成人员并向社会公布。

具体的执法检查工作则一般由相关专门委员会围绕主题先进行前期调研，了解相关工作情况，之后确定执法检查重点，制定出执法检查方案。执法检查组检查结束后，写出执法检查报告，并列入常委会会议议程听取和审议。听取和审议结束后，要将执法检查报告和审议意见一并交给法律实施主管部门研究处理，有关部门应该在规定时间内就研究处理情况向常委会提出书面反馈报告。

这份执法检查报告中都有什么内容？监督法规定，执法检查报告主要有两大类内容，分别是对所检查的法律、法规实施情况进行评价，提出执法中存在的问题和改进执法工作的建议；对有关法律、法规提出修改完善的建议。

谁参与执法检查

通常在执法检查的新闻中会看到这样一个词：执法检查组。这个组的成员都有谁呢？

监督法规定，常委会根据年度执法检查计划，按照精干、效能的原则，组织执法检查组。执法检查组的组成人员，从本级人大常委会组成人员以及本级有关专门委员会组成人员中确定，并可以邀请本级人大代表参加。

值得一提的是，全国人大常委会和省、自治区、直辖市的人大常委会根据需要，可以委托下一级人大常委会对有关法律、法规在本行政区域内的实施情况进行检查。受委托的人大常委会应当将检查情况书面报送上一级人大常委会。

"希望慢递" 从心开始

——甘肃省女子强制隔离戒毒所教育矫治工作见闻

本报记者：尤婷婷　李艳丽

（2018 年 10 月 19 日）

在甘肃省女子强制隔离戒毒所二大队的办公室里，放着一个写有"希望慢递"四字的粉色信箱，信箱内有 105 封特别的信。

写信的日期是 2018 年 3 月 1 日，计划信件寄出的日期是 2020 年 2 月 29 日。这是二大队的 105 名戒毒人员写给两年后的自己的信。

"许自己一个承诺，给自己一份坚持，给未来一片希望。"这既是省女子强制隔离戒毒所"希望慢递"主题教育的主题，也是所有干警对戒毒人员的殷切希望。

今年 3 月，省女子强制隔离戒毒所创新教育载体，在全体戒毒人员中组织开展了"希望慢递"活动。戒毒人员在入所教育结束后，给两年后的自己写一封信，记录下初入戒毒所的特殊心情，写出对未来的憧憬和规划，同时画一幅画，画未来的自己，以备迷茫时用来提醒自己，失落时用来鞭策自己。戒毒人员封好信封后，投入"慢递"信箱中，由负责"希望慢递"信箱的干警进行封存，两年后再由干警全部进行投递。

"给未来写信仿佛有种魔力，只要坐在那里，铺开信纸，拿起笔，心就会立刻安静下来。"戒毒人员王某说。

"虽然我文化程度不高，写的信潦潦草草、词不达意，但我觉得这是和现在的自己在做告别。"戒毒人员杨某这样认为。

戒毒人员党某在信里认真反思了自己的错误行为，并画了一幅一家三口手拉着手的画，这是她想象中两年后自己的生活，和家人幸福地生活在一起。"两年后我收到这封信时一定非常惊喜，同时这封信也会时刻鞭策自己，不要忘了当初信里的承诺，绝不能在毒品边缘徘徊。"

"希望通过这种新的教育方式，从内心深处打动戒毒人员的心，在给两年后的自己写信这个过程中，她们可以安静下来认真反思，同时将来收到信之后，也能时刻提醒她们不要忘了现在的生活和诺言。"二大队干警李萱莞尔说道，同时她也是"希望慢递"活动的策划者，她表示，让这个活动传承下去，传递希望，给戒毒人员一个期许，用信件帮她们找回最初的自己。

据介绍，今年以来，省女子强制隔离戒毒所坚持以教育戒治为中心，用更多的手段、更新的方式和更大的投入激励戒毒人员戒除毒瘾，顺利回归社会。在内观治疗室里，一个记录本详细地记录下了每个参加"内观治疗"戒毒人员的心理变化。这是省女子强制隔离戒毒所通过与甘肃省精神卫生中心（省第二人民医院）合作，在省内首创的内观戒毒疗法，8名干警获得内观治疗师证书。该治疗法从"别人为我所做的""我为别人所做的""我给别人添的麻烦"三个问题入手，让戒毒人员以自我提问的形式进行反思，达到远离负面情绪，激发潜在正能量，蜕变自我、提升戒治效果的目的。

与此同时，省女子强制隔离戒毒所发挥文化的熏陶、规范、约束、激励作用，坚持以文化育人，创新文化载体，以"孝、信、礼、德"为主题，建立文化墙，突出"一队一主题、一队一特色"建设；结合节日关键节点和管教工作形势，开展针对性的主题教育，实行开放式教育，定期邀请戒毒人员亲属来所开展亲情帮教，深入拓展戒毒工作社会化……

改变从"心"开始，一份写给未来的"希望慢递"，传递出让自己变得更好的决心与期许。

强基固本筑堡垒　凝心聚力促脱贫

——我省抓党建促脱贫攻坚工作综述

本报记者：尤婷婷

（2018 年 11 月 21 日）

"深入推进抓党建促脱贫攻坚工作，加强贫困村'两委'班子建设，更好发挥村级党组织的战斗堡垒作用。"

——省第十三次党代会上对我省抓党建促脱贫攻坚工作发出动员令。

"要严格落实各级各方面责任，努力提升基层党组织战斗力，充分发挥驻村帮扶工作队作用，齐心协力把深度贫困地区脱贫攻坚引向深入。"

——日前，省委书记林铎对全省抓党建促脱贫攻坚工作又一次做出强调。

打赢脱贫攻坚这场硬仗，关键在党的领导。

今年以来，全省组织系统认真学习贯彻习近平总书记关于脱贫攻坚工作的重要指示精神，紧紧围绕中央和省委的决策部署，坚持目标要求无缝对接、工作举措及时跟进，抓班子带队伍、选干部育人才、抓基层强基础、树导向增活力，将抓党建与促脱贫有机融合，最大限度凝聚推动脱贫攻坚正能量，打造坚强有力的战斗堡垒。

强化宏观指导，推动脱贫攻坚更深更实

组织工作如何为脱贫攻坚提供坚强保障？

我省注重强化宏观指导，细化路线图，让谋划部署先行，让责任靠实压紧，让指导督查到位，推动脱贫攻坚向实处做、往深里走。

今年年初制定出台的《甘肃省抓党建促脱贫攻坚三年行动计划》，提出三年奋

斗目标，并分年度提出抓党建促脱贫攻坚工作的行动方向和任务要求，围绕干部队伍建设、人才队伍建设、党员队伍建设和基层组织建设制定了10个方面的行动目标和30条具体措施。建立《省委组织部抓党建促脱贫攻坚任务分工及2018年工作台账》，细化了92项工作任务，明确牵头处室、责任处室和完成时限。目前，2018年度目标任务已完成93%，落实具体任务114项。制定10余个抓党建促脱贫攻坚相关政策制度文件，形成了优秀干部、优秀人才、优质资源向脱贫攻坚一线倾斜和聚集的鲜明导向和良性机制。

层层压实责任，在贫困地区领导干部考核中聚焦脱贫攻坚实效，因地制宜、分类量化考核权重，其中在全省贫困程度最深的甘南、临夏2个州的考核权重中，扶贫开发成效占到了45%。在基层党建述职评议考核中突出脱贫攻坚，倒逼抓党建促脱贫攻坚职责履行到位。

强化督查指导，坚持靠前指挥，落实"三个走遍"要求，省、市、县三级组织部部长分别深入贫困县、贫困地区的乡镇、贫困村进行调研指导，现场解决问题，以求真务实、真抓实干的作风，推动抓党建促脱贫攻坚工作的落实见效。

省委组织部专门成立督查处，以暗访为主，采取不发通知、不打招呼、不听汇报、不用陪同等方式，常态化对市县领导、乡村干部、挂职干部、第一书记、驻村帮扶工作队、"大学生村官"等帮扶力量履职尽责情况进行专项督查，原汁原味反馈发现的问题，全过程跟踪整改落实情况，对苗头性、倾向性问题及时指出、及时纠偏、及时帮助解决。

加强基层组织建设，打造坚强有力战斗堡垒

基层党组织组织力强不强，抓重大任务落实是试金石，也是磨刀石。全省各级党组织以提升组织力为重点，突出政治功能，进一步夯实党在贫困地区的执政根基。

全面推进党支部建设标准化工作，2018年5月，省委出台了《关于在全省开展党支部建设标准化工作的意见》，省委组织部牵头编印并向全省乡村两级配发了《甘肃省农村党支部建设标准化手册》。《手册》围绕服务保障脱贫攻坚、实现乡村振兴这个中心任务，以解决党建弱化、虚化、边缘化问题为着力点，提出政治建

设、组织建设等 7 类 42 项具体标准，聚焦脱贫攻坚，剑指问题短板。

今年 9 月，省委组织部针对调研督查中发现的偏离主题、形式教条等苗头性问题，及时下发《关于在农村党支部标准化工作中注意把握的有关要求的通知》，严肃指出了工作中存在的教条主义、形式主义表现，及时进行有针对性的指导和纠偏，党支部标准化建设工作已经成为农村基层党建工作的有效抓手。

创新农村基层党组织设置，全面推广"三链"（支部建在产业链、党员聚在产业链、群众富在产业链）建设模式，加大在贫困村农民专业合作社、专业协会、农业产业化经营组织、农业社会化服务组织、电子商务等新型农业经营主体建立党组织力度，把党组织的政治优势转化为推动特色产业、促进农民增收、加快脱贫致富的发展优势。

截至目前，全省农村建立产业型党组织 6253 个，覆盖率达 45.8%，集体经济组织、农民专业合作组织中由村党组织书记、党组织班子成员兼任或党员担任负责人的达到了 13526 个。

持续整顿软弱涣散农村基层党组织，针对贫困现象和软弱涣散党组织往往相伴而生的问题，2018 年，全省共倒排确定软弱涣散农村党组织 2032 个，其中贫困村党组织 1081 个。截至 10 月 20 日，已完成整顿提升 1781 个，其中贫困村党组织 883 个，分别占 87.6%、81.7%。

为及时掌握整顿情况，今年 6 月上旬，省委组织部专门抽调人员，深入到全省 6 个市州、12 个贫困县的 13 个乡镇、22 个软弱涣散村进行暗访督查，针对调研督查中发现的问题，下发了《督查情况通报》和相关通知，安排各地把群众举报反映强烈、换届矛盾突出、群体性上访较多、治安情况复杂的村列为重点，深入排查分析，对症下药制定整改措施，务求整顿工作取得实实在在的效果。

选优配强工作力量，打造脱贫攻坚骨干队伍

村级组织建设是抓党建促脱贫攻坚工作的关键，我省大力实施村党组织带头人队伍整体优化提升行动，不断提高村党组织领导和推动脱贫攻坚的能力。

加强乡镇班子建设，下发《通知》安排各地以县为单位，对全省乡镇领导班子思想政治建设、乡镇党委领导核心作用和领导班子整体作用发挥等情况进行全面摸

排，综合分析研判。今年以来，对28个乡镇班子进行了调整整顿，撤换乡镇领导班子成员56人，其中乡镇党委书记26人。

实施村级党组织带头人队伍提升行动，印发《甘肃省推进村党组织带头人队伍整体优化提升方案》，对全省村级班子运行情况进行全面排查，调整整顿村班子426个，撤换村"两委"班子成员531人，其中村党组织书记304人；省、市、县共举办村党组织书记培训班643期，实现了全员轮训；对本村没有村党组织书记合适人选、脱贫攻坚任务重的772个村，通过回引、回请、选派等方式配齐配强；6423个贫困村建立了村干部后备队伍库。

选优管好第一书记，修订完善《甘肃省选派到村任职第一书记管理办法》，将第一书记工作定位从"协助配合"调整为"指导帮助"，第一书记全部兼任了驻村帮扶工作队队长，积极整合第一书记、村党支部、驻村帮扶工作队力量，强化抓脱贫攻坚整体合力。组织部门对107个考核基本称职和不称职的第一书记选派单位的分管领导和责任处室负责人进行了约谈，对52名不合格、不称职的全部召回撤换。

今年以来，全省共调整第一书记4018名，其中期满调整1687人，因"兼任工作队队长需要"调整1843人，因个人身体、家庭、工作等原因影响正常履职调整1315人。

加强激励保障，凝聚脱贫攻坚强大合力

打赢脱贫攻坚战，就要让资源向一线倾斜，让人员向一线聚集，调动激发多方面的工作热情。

注重调动脱贫攻坚一线干部工作积极性，制定出台《甘肃省关于进一步激励广大干部新时代新担当新作为的实施意见》《甘肃省脱贫攻坚奖励办法》等制度，坚持精神奖励和物质奖励相结合，充分调动全省广大干部群众在脱贫一线干事创业、攻坚克难的积极性。加大宣传力度，在省内媒体上对精准扶贫工作以及先进人物进行重点宣传，营造良好社会氛围。在各种评先选优时，注意向扶贫一线的干部倾斜。

关心关爱帮扶干部，专门下发《关于进一步做好选派到村任职第一书记关心关怀工作的通知》，从生活、工作、精神等多方面关心关爱帮扶干部，让帮扶干部感

受到组织温暖。走访慰问今年殉职的 2 名第一书记家属，督促有关单位落实相关抚恤政策。

同时，我省不断提升农村基层基础保障水平。今年以来，全省各级累计投入 6.2 亿元，改扩建贫困村活动场所 2416 个；着手规范新建村级活动场所建设风格和功能；省财政安排 7264 万元作为第一书记工作经费（每人每年 1 万元）；省委组织部下拨党费 9300 万元，用于扶持 58 个集中连片贫困县的空壳村发展集体经济；安排党建工作专项经费 500 万元，用于扶持贫困地区"大学生村官"领办创办村级集体经济发展项目。

与时代同行　与民意呼应

——甘肃省人大及其常委会改革开放 40 年立法工作回顾

本报记者：尤婷婷

（2018 年 12 月 14 日）

从无到有、从蹒跚起步到逐渐完善，改革开放 40 年来，甘肃地方立法取得了显著成绩。

1979 年 7 月，地方组织法赋予省级人大及其常委会地方性法规制定权。

1980 年 10 月 6 日，甘肃省第五届人大常委会第四次会议通过了《甘肃省县级直接选举实施细则》，标志着我省第一部地方性法规的诞生。

……

截至 2018 年 7 月 31 日，甘肃省人大及其常委会共制定现行有效的省级地方性法规 182 件，做出法规性决议决定 38 件；省人大常委会批准设区的市地方性法规 55 件，批准民族自治地方自治条例和单行条例 70 件。这些地方性法规、自治

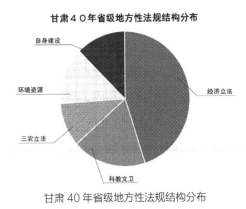

甘肃 40 年省级地方性法规结构分布

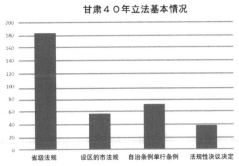

甘肃 40 年立法基本情况

条例和单行条例，为完善中国特色社会主义法律体系，推动全省改革开放和经济社会全面进步，推进经济社会各个方面的制度化、规范化、法治化，为促进甘肃经济社会和各项事业持续健康发展提供了法治保障。这些法规条例汇聚着全省人民的智慧，见证着历届省人大及其常委会组成人员的奋斗历程，凝结着立法工作者的辛勤劳动。

40年来，历届省人大常委会坚定不移把党的领导贯穿于立法工作的全过程和各方面。在具体工作中，立法项目的安排始终保持同党中央和省委的中心工作部署相一致，不断健全重大立法事项向省委请示报告制度，立法规划和年度立法计划报请省委批准，重要的法规、地方立法工作中的重大事项和重要情况报请省委研究同意，从而保证了及时准确地反映省委意图，保证地方立法的正确方向。

立法工作始终严格遵循宪法法律赋予的权限和程序，按照不抵触、有特色、可操作的要求，合理设置公民、法人、其他组织的权利义务和国家机关的权力与责任，既注重突出法规的地方特色和现实可行性、前瞻性，又坚定维护社会主义法制统一。为了做到有特色可操作，省人大常委会在扩大调研广度深度、增强针对性上狠下功夫，深入基层，深入群众，对法规草案涉及的重点难点和争议较大的问题，反复听取意见、协调论证，力争问题得以有效解决，从而突出了地方立法的地方特色和可操作性，充分体现了地方立法的生命力。

充分发挥人大及其常委会在立法中的主导作用，切实加强常委会对法规立项的统筹协调。在编制五年立法规划和年度立法计划过程中，注重加强对立法项目进行科学筛选和统筹协调安排，把重点放在涉及经济社会发展全局、群众普遍关心关注以及与上位法配套衔接等方面的项目上。充分调动和发挥各专委会和常委会工作机构的作用，提前介入、指导督促重要立法项目的起草论证，主动把握立法工作进程。在审议环节抓住地方性法规中的关键条文，重点解决制约重要立法项目和重大制度设计顺利推进的难点问题。十分重视人大代表联名提出的法规案，对经研究决定立项的，及时列入立法计划，同时积极拓展畅通人大代表参与立法工作的渠道，通过邀请代表参加省人大常委会组织的立法调研、立法座谈、立法论证等，认真听取代表意见建议，切实发挥好人大代表来自基层、联系群众、熟悉情况的优势。

省人大常委会在地方立法活动中始终贯穿党的群众路线，坚持开门立法、民主立法，最大限度地体现民意、维护民权、保障民利。省人大常委会 1999 年开始聘请立法顾问，2000 年制定了法规草案公示办法，2002 年探索建立立法联系点和公众参与制定地方性法规制度，2003 年尝试委托第三方起草法规草案，2004 年引入立法听证制度，2005 年与高校合作设立立法研究基地，连续多年向全社会公开五年立法规划、年度立法计划和法规草案，征求意见建议。另外，对法规审议中遇到的一些专业性强、争议较大的问题，邀请立法顾问和专家学者进行分析、咨询、论证，依靠立法联系点和立法研究基地，直接听取来自基层执法单位、民众和专业人士的意见建议，为审议修改法规草案提供决策参考。这些有创新、有特色、有成效的做法，在甘肃地方立法工作中发挥了重要作用，为提高地方立法质量奠定了基础。

对规范性文件进行备案审查，是宪法和地方组织法、监督法赋予人大的一项监督职权，也是维护社会主义法制统一的一项重要制度。2008 年甘肃开始规范性文件备案审查工作以来，省人大常委会不断加强备案审查制度建设、机构建设和能力建设，通过不断完善健全相关制度、严格备审程序、完善工作机制，使备案审查工作日趋规范化。2016 年以来，为贯彻落实党中央和全国人大常委会关于提高备案审查信息化水平、实现备案审查工作互联互通的精神和要求，省人大常委会狠抓规范性文件备案审查信息平台建设并取得积极进展。目前，我省的信息平台三大功能系统建设初步完成了由原来单一的规范性文件备案审查向立法智能审查服务平台和文件备审平台"双平台"方向进行深度开发的转变。

围绕社会主义市场经济体制建立与完善加强经济立法

40 年来，甘肃省人大及其常委会牢牢把握经济建设这个中心，坚持从省情实际出发，围绕改革发展和促进社会主义市场经济体制的建立与完善，不断研究新的问题，着力加强经济领域立法。通过立法规范经济行为和经济秩序，调整既有的和不断出现的新的经济法律关系，保护和鼓励公民对合法利益的诉求，有力促进全省经济社会发展。先后制定和批准了《甘肃省价格管理条例》《甘肃省产品质量监督管理条例》《甘肃省农村扶贫开发条例》《甘肃省道路运输管理条例》《甘肃省建筑市场管理条例》《甘肃省食品小作坊小经营店小摊点监督管理条例》《甘肃省旅游条例》《甘肃省供用电条例》《兰州市促进和保障非公有制经济发展办法》等保护农村专业户合法权益、促进中小企业发展、产品质量监督、预算外资金管理、促进循环经济发展、资源综合利用、建设工程造价、建筑市场管理等一大批经济类地方性法规，构筑了甘肃省地方立法的主干。

建设工程质量和安全生产事关重大，2017年9月28日，甘肃省第十二届人民代表大会常务委员会第三十五次会议表决通过了《甘肃省建设工程质量和建设工程安全生产管理条例》。条例为切实规范建筑市场行为，保障建设工程的质量安全提供了法制遵循。

为积极顺应人民群众对食品安全立法的迫切期待，2016年11月24日，甘肃省第十二届人民代表大会常务委员会第二十七次会议通过了《甘肃省食品小作坊小经营店小摊点监督管理条例》。这是我省出台的首部食品安全监管方面的地方性法规，为"三小"食品安全监管提供了执法依据。

长期以来，审计对象在对审计发现问题的整改落实方面一直存在重视不够、整改不力、公开不及时不充分等问题，有的问题年年审年年犯；有的单位知错认错不改错，审计风暴一过，问题涛声依旧。2017年7月，甘肃省第十二届人民代表大会常务委员会第三十四次会议表决通过了《甘肃省各级人民代表大会常务委员会监督审计查出问题整改工作办法》。这是全国首部规范地方各级人大常委会监督审计查出问题整改工作的地方性法规。这部创制性法规充分结合甘肃实际，明确了监督的主体，规范了整改责任、监督方式、监督程序等，为各级人大常委会充分发挥监督职权、进一步加大对审计查出问题整改工作的监督力度、增强监督实效提供了坚实的法治保障。

"三农"立法：针对亟须解决的突出问题

甘肃是农业大省，解决好"三农"问题是全省发展的重点。40年来，立足省情，我省始终将"三农"方面的立法作为重中之重，在制定计划时加大比重，针对农产品质量安全、农民社会保障、农民工权益保护等方面亟须解决的突出问题，在制度设定时加大优惠力度，先后制定了《甘肃省农作物种子条例》《甘肃省饲料和饲料添加剂管理条例》《甘肃省农业机械管理条例》《甘肃省草原条例》《甘肃省农村扶贫开发条例》《甘肃省农村生活垃圾管理条例》等17件"三农"法规，有力促进了农业发展，加快了农村建设，推动了农民生活的改善。

我省作为全国最贫困的省份之一，贫困面广、贫困程度深，扶贫任务重。2012年5月，省人大常委会结合甘肃实际，及时出台了《甘肃农村扶贫开发条例》；2017年，为深入贯彻中央和省委关于脱贫攻坚的重大决策，又对其进行了全面修订。修订后的条例体现了国家精准扶贫精准脱贫的新要求，总结概括了我省扶贫开发的成功经验，确立了按照甘肃实际情况制定的扶贫标准，从制度上解决了我省扶贫开发工作中存在的突出问题。

垃圾问题严重影响农村的生态环境和农民生活水平的提升，2017年，由省人大相关专门委员会牵头，开展自主立法，在省级层面率先制定了《甘肃省农村生活垃圾管理条例》，对农村垃圾中产生量最大、对农村环境影响最直接最严重的生活垃圾的管理进行规范。

废旧农膜的回收利用是全国性的难题，2013年11月，甘肃省第十二届人民代表大会常务委员会第六次会议审议通过了《甘肃省废旧农膜回收利用条例》。这是我国首部关于废旧农膜回收利用方面的地方性法规。作为西部的农业省份，通过人大主动选题立项、牵头组织起草，并且率先出台废旧农膜回收利用条例，为国家及其他省份在这方面的立法积累了经验，起到了一定的示范和导向作用。该条例是由"大而全"立法向"小而精"立法转变的具体表现。条例把重点放在了核心制度、关键条款的设计上，最大化地实现了立法的精细化、具体化。

加强生态保护立法，为可持续发展提供法治保障

甘肃气候干旱，水资源短缺，森林覆盖率低，生态环境脆弱，环境资源问题突出。处理好发展和保护的关系刻不容缓。40年来，省人大及其常委会以生态环境建设为己任，始终坚持节约资源和保护环境的基本国策，先后颁布实施《甘肃省林地保护条例》《甘肃省湿地保护条例》《甘肃省矿产资源管理条例》《甘肃省地质环境保护条例》《甘肃省自然保护区条例》《兰州市实施大气污染防治法办法》等20件环境资源保护方面的法规，充分发挥了地方立法在生态环境保护中的引领和推动作用。

2010年5月，国务院办公厅发布《关于进一步支持甘肃经济社会发展的若干意见》，提出加强生态建设和环境保护，构建西北地区生态安全屏障的重大决策。面对这个重大责任，省人大常委会加大环境资源和生态建设方面的立法工作力度，及时启动辐射污染防治立法，对相关行为及责任做出详细明确的规定。《甘肃省辐射污染防治条例》的出台，对规范辐射环境的监督管理，促进核技术和电磁技术的安全利用，保证经济社会可持续发展，具有十分重要的意义。

为贯彻落实习近平生态文明思想和重要指示精神，落实党中央提出的"树立和践行绿水青山就是金山银山的理念"要求，深刻汲取祁连山问题教训，2017年9月，省人大常委会按照中央和全国人大关于做好涉及生态文明建设和环境保护地方性法规专项自查和清理的要求，先后两次发函督促有关单位开展相关地方性法规的专项清理工作，对不符合生态文明建设和环境保护方面的要求，与有关法律、行政法规不一致的地方性法规予以修改或废止。在全面清理的基础上，将需要修改废止的15件法规全部列入今年立法计划，通过法规修废确保地方立法与国家环境保护法律制度协调一致。

立法为民：促进教育科学文化卫生等社会事业发展

40年来，甘肃的文化、教育、科技、卫生等各项事业有了长足发展和进步，地方立法始终伴随并推动着这一进程——《甘肃莫高窟保护条例》是甘肃首次为世界文化遗产立法，受到了联合国教科文组织的高度评价。《甘肃省甘南藏族自治州拉卜楞寺保护与管理条例》的颁布实施，标志着从2011年6月起，享有"中国佛教文化明珠"美誉的拉卜楞寺通过地方性法规得到更加全面的保护和管理。

甘肃境内非物质文化遗产有2.7万余种，蕴涵着古老深厚的文化价值，是国家重要的文化代表性资源，有着非常重要和独特的地位。为有效保护和留存民族文化的记忆，2015年3月，由省人大常委会主导制定的甘肃省首部非物质文化遗产传承和保护方面的地方性法规——《甘肃省非物质文化遗产条例》经省第十二届人民代表大会常务委员会第十五次会议审议通过。条例明确了政府保护非遗的责任，强化了非遗传承与传播的要求，突出了对非遗的发展性保护。条例的出台，标志着甘肃省非物质文化遗产保护工作步入了法治化、规范化轨道。

近年来，国家对我省文化社会建设的支持力度进一步加大，全省文化社会建设进入繁荣发展的黄金时期。省人大常委会紧抓机遇，先后制定了教育、体育、科技进步、劳动就业、食品卫生、计划生育、文物保护、广播电视、社会救助、基层民主等30多件法规，集中体现了以人民为中心的发展思想和以人为本、立法为民的现代法治理念，为满足人民美好生活需要创造更为有利的法治条件。

民族立法：促进少数民族地区经济社会全面发展

甘肃是一个多民族聚居的欠发达省份，少数民族人口占全省总人口的9.4%，民族地区经济社会的发展直接关系全省改革发展稳定的大局。1984年民族区域自治法出台后，甘南、临夏两个民族自治州和肃南、肃北、阿克塞、天祝、积石山、东乡、张家川7个民族自治县的人民代表大会被赋予自治条例和单行条例制定权。

40年来，省人大及其常委会先后审查批准了《甘肃省甘南藏族自治州自治条例》《甘肃省临夏回族自治州花儿保护传承条例》《甘肃省肃南裕固族自治县矿产资源管理条例》等70件现行有效的民族自治地方自治条例、单行条例。同时，注重加强涉及民族地区经济社会发展的地方性法规的研究制定，先后出台了实施民族区域自治法若干规定、清真食品管理条例等法规，加大对少数民族和民族地区的帮扶力度，突出对民族地区的扶持措施以及在规划、项目、资金、教育、人才、干部、资源等方面的优先优惠规定，促进了民族地区经济社会发展、社会稳定、民族团结、宗教和顺、各民族群众安居乐业，助推民族地区与甘肃和全国一道同步建成小康社会，构建和谐幸福美好新甘肃。

设区的市立法工作起步良好，成果初显

1986年12月，根据修改后的地方组织法，兰州市作为省会市被赋予地方性法规制定权。2015年《立法法》修改后，甘肃省新赋予除兰州市以外的其余13个市（州）地方性法规制定权。截至2018年7月31日，全省14个市（州）新制定颁布28件地方性法规，其中13件为规范地方立法程序的法规，占比近50%；实体性法规中，环境资源方面的法规8件，占比28.5%；城乡建设与管理方面的法规5件，占比17.8%，历史文化保护方面的法规1件，占比3.5%。

坚持立法程序先行。兰州市和庆阳市率先制定了《兰州市地方立法条例》和《庆阳市人民代表大会及其常务委员会立法程序规则》。其他市（州）及时跟进，目前全省 14 个市州中，除甘南藏族自治州外均已出台立法程序规则或地方立法条例，立法工作制度逐步健全，立法工作日趋规范。

贯彻新发展理念，积极开展生态环境保护立法。随着立法进程的不断推进，各设区的市在早期出台地方立法程序法规的基础之上，逐步推出实体法规，其中生态环境保护类法规占比较大。兰州市制定了《兰州市机动车排气污染防治条例》，东乡族自治县制定了《甘肃省东乡族自治县林木管护条例》，庆阳市、白银市先后制定了《庆阳市禁牧条例》《白银市封山禁牧管理办法》，弥补了法律法规对在禁牧区域放牧行为无处罚依据的缺失。

加强社会治理，注重开展城乡建设与管理方面的立法。定西市制定了《定西市物业管理条例》，兰州市出台了《兰州市城市公共汽车客运管理条例》，甘南藏族自治州制定了《城市市容和环境卫生管理条例》等。这些法规涉及的范围和内容广泛，注重体现地方特色，着力解决当地面临的实际问题，为引领和推动发展，提高社会治理水平发挥了积极作用。目前，从整体情况看，设区的市立法工作起步良好，工作稳步推进，立法成果初现。

总书记嘱咐牢牢记心间

——习近平总书记参加十三届全国人大二次会议
甘肃代表团审议时的重要讲话引起强烈反响

新甘肃·甘肃日报记者：吕宝林　陈　多　范海瑞　尤婷婷

（2019 年 3 月 8 日）

3月7日下午，激动人心的时刻！中共中央总书记、国家主席、中央军委主席习近平参加十三届全国人大二次会议甘肃代表团审议。

当时场景，甘肃代表团的代表们将永生难忘。

当习近平总书记走进会场时，全场起立，热烈鼓掌，表达出甘肃干部群众对党中央和总书记的敬意。

会上，唐晓明、王涛、杨艳、王刚、梁倩娟、富康年、董彩云、范鹏等8位代表先后发言，习近平总书记认真听取每一位代表的发言，与大家深入交流。

总书记的重要讲话，为我们注入了攻坚拔寨的强大精神力量

在参加审议时，唐晓明代表以《培育主导产业，加快脱贫攻坚步伐》为题汇报了定西的脱贫攻坚工作。回到驻地，他认真翻阅记录笔记，仔细回想总书记的每一句话，心潮澎湃，难以平静。唐晓明说，习近平总书记在甘肃代表团参加审议并作重要讲话，是对甘肃脱贫攻坚和改革发展事业的关心关怀，全团代表倍感温暖，倍感振奋，欢欣鼓舞。习近平总书记就脱贫攻坚发表的重要讲话，提出的坚定信心不动摇、咬定目标不放松、整治问题不手软、落实责任不松劲等重要指示要求，为打赢打好脱贫攻坚战指明了方向、提供了遵循，对负有脱贫攻坚重要使命的党委政府以及广大干部群众来讲，更是注入了攻坚拔寨的强大精神力量。唐晓明表示，定

西市将认真学习领会习近平总书记重要讲话精神，紧密结合本地脱贫工作实际，真正将总书记重要指示要求变为行动方案和工作计划，"不获全胜，决不收兵"，在剩下不到两年的时间内，脚踏实地真抓实干，一项一项抓好落实，确保脱贫工作务实、过程扎实、结果真实，坚决打赢打好脱贫攻坚这场硬仗。

脱贫攻坚已经到了"最吃劲的时候"。唐晓明说，截至去年底，定西市还有贫困人口23.95万人，占全省贫困人口的五分之一，贫困发生率高于全省3.52个百分点，是全省贫困人口最多、脱贫任务最艰巨的市州，而且剩下的都是难啃的硬骨头。唐晓明表示，全市上下将认真学习贯彻习近平总书记重要讲话精神，坚定必胜信心，拿出一鼓作气决心，尽锐出战，迎难而上，真抓实干，精准施策，始终把培育脱贫产业紧紧抓在手上，大力发展以牛羊菜果薯药为主的特色产业，普遍建立"龙头企业＋合作社＋贫困户"模式，让贫困群众稳定增收、最大程度受益，同时强化扶贫要素保障，敢死拼命真扶贫，确保如期摘掉贫困帽子，与全省全国同步全面建成小康社会。

撸起袖子加油干，把日子过得越来越红火

习近平总书记和每位代表一一握手。回想起与总书记见面时的场景，梁倩娟打开了话匣子："真没想到，我能以一名基层农民代表和电商从业者的身份，向总书记汇报我们农村电商的发展。"面对面给总书记讲电商脱贫的事儿，梁倩娟激动不已。

梁倩娟的汇报从投身电商事业的经历讲起。为了减轻家里的经济负担，她早早就去了广东打工。2013年，她从新闻上得知家乡陇南在大力发展电商，网上"把空间上的万水千山变成网络里的近在咫尺""谁把陇南的山货卖出去，谁就是英雄"等话语，点燃了她回乡创业的热情，也坚定了她在山乡发展电商事业的决心。

梁倩娟的淘宝店叫"陇上庄园"。从最初卖妈妈做的油泼辣子，到奔波几十里山路去老乡家收土蜂蜜，从当年扛大包、坐公交到县城上货、运货，再到走快递渠道、一天发上千个包裹，五年来，"陇上庄园"越做越大，土特产卖到了全国各地乃至国外，带动许多贫困乡亲增收。

"陇南的橄榄油、花椒、木耳、核桃、中药材、银杏等农特产品品质很好，只

要能卖个好价钱，农民致富就有了保障。"梁倩娟说，"我还给总书记讲了一个小故事，有一个老乡，她经常把家里的农特产品卖给我，还来我们店里打零工，拿到工钱之后，她就时不时买肉给家里人吃，有一次，她骄傲地说，用自己挣的钱买的肉就是香。"总书记听得认真。

习近平总书记关于脱贫攻坚的重要讲话，让梁倩娟很受启发。她对脱贫攻坚也有了另外一种认识，她说，电商发展还需要产业支撑，要大力发展特色产业，产业发展起来，产品供应就有保障，也能更好地带动群众致富奔小康。她说，总书记对山乡群众如此关心关怀，大家一定会撸起袖子加油干，把日子过得越来越红火。

让祖国的镍钴工业基地焕发新的青春与活力

"看到总书记走进会场，大家都不约而同地一起鼓掌，虽然这已经是我第二次跟总书记近距离见面，但依然激动得眼泪都流了下来！"讲述习近平总书记参加审议时的情景，杨艳代表依然难以平复内心的激动。

杨艳是金川集团公司一名科研人员。在十三届全国人大一次会议选举时，杨艳作为总监票人之一，曾近距离见到过习近平总书记。这次再次见到习近平总书记，杨艳觉得格外亲切。

杨艳说，习近平总书记曾在2013年春天视察过兰州金川科技园，这给了金川集团干部职工特别是科技工作者极大的信心和鼓励。

杨艳从事的是镍钴金属新材料的研究开发。金川集团作为我国镍钴工业基地，曾是典型的"原字号""重字号""国字号"企业，当前正通过持续加大科技创新力度，着力解决产业结构不优、创新能力不强、发展质量和效益不高的问题。

杨艳说："这次能现场聆听总书记的重要讲话，感到非常激动，非常幸福。"她表示，将把习近平总书记重要讲话精神带回家乡、带回公司。"我们将以习近平新时代中国特色社会主义思想为指导，牢固树立新发展理念，坚定不移走高质量发展之路，加快传统工业转型升级，让祖国的镍钴工业基地焕发新的青春与活力。"

总书记的话激励着我们继续前进

作为一名来自教育界的基层少数民族代表，能在北京当面向习近平总书记汇报民族地区的教育情况，说说自己的心里话，董彩云说她"倍感荣幸，激动万分"！

"当看到习近平总书记走进会场的那一刻，我的眼睛湿润了。"董彩云说，会场里的掌声持续而热烈，直到总书记与代表们一一握手、落座后，热烈的掌声才逐渐停歇。

"没想到总书记是那么平易近人，发言的时候我一下子放松了许多。"

2013年2月3日，习近平总书记沿着陡峭的山路来到山大沟深的临夏回族自治州东乡族自治县布楞沟村看望干部群众。那一次，让董彩云印象深刻的是，习近平总书记拉着村民马麦志儿子的手，亲切询问他上学的情况，大家从心底里感谢习近平总书记对深度贫困和民族地区老百姓的关心和厚爱。

去年，董彩云去东乡县开展送课活动，在和东乡族孩子交谈中，孩子们自豪地告诉她："我们认识习爷爷，董老师，您去北京一定能见到习爷爷吧，记着一定邀请他再来我们东乡啊！"从孩子们天真稚嫩的声音中，董彩云感到了一种变化，那就是东乡的孩子们更加自信大胆、敢于交流了。

近几年来，党中央对民族地区的教育高度重视，在政策、资金等方面都给予了倾斜照顾。国家制定了连片贫困地区乡村教师生活补助政策，实施教师周转房、"特岗计划""国培计划"、少数民族高层次人才培养计划等项目，使民族地区教育体系不断完善，教学质量也得到不断提升。

省委、省政府从教育优先发展的高度出发，不断加大教育投入，改善办学条件。临夏州也始终把发展教育作为拔穷根的举措，狠抓"控辍保学"，全面提升义务教育普及水平。目前，临夏州九年义务教育的入学率为100%、巩固率为96.29%，教师、家长的整体素质大幅度提高。

现在的学校，有了教室，有了老师，有了先进的教学设备，还有了寄宿制学校，城乡之间的差距不断缩小，尤其是深度贫困地区教师的工资高出了公务员的平均水平。

"从2013年到现在已经6年了，6年来，布楞沟和临夏发生了翻天覆地的变化，自来水进了千家万户，村村通了水泥路，出门打工的人也多了，家庭收入增加了，老百姓的生活有了质的变化，特别是生活水平和文化素质都有了很大提高。"

习近平总书记在讲话时说，要咬定目标不放松。脱贫攻坚的标准，就是稳定实现贫困人口"两不愁三保障"——不愁吃、不愁穿，义务教育、基本医疗、住房安全有保障。

听着总书记的话，董彩云深受感动。她说："习近平总书记时刻关注着我们深度贫困地区、民族地区的教育和基础设施建设，总书记的重要讲话为我们脱贫攻坚指明了方向。"

董彩云说："打赢脱贫攻坚战，信心非常重要。总书记的话句句鼓舞人心，句句和老百姓相关，句句心系贫困地区发展，这些话激励着我们继续前进。"

绝不辜负总书记殷殷重托

——习近平总书记参加甘肃代表团审议时的重要讲话在参会代表中引起强烈反响

新甘肃·甘肃日报记者：陈　多　吕宝林　范海瑞　尤婷婷

（2019年3月9日）

3月7日，振奋人心的一天！当天下午，中共中央总书记、国家主席、中央军委主席习近平参加第十三届全国人民代表大会第二次会议甘肃代表团审议。

习近平总书记的谆谆嘱托、殷殷期盼迅即传遍陇原大地，陇原儿女感知重任在肩，也坚信前程无限。

会上，唐晓明、王涛、杨艳、王刚、梁倩娟、富康年、董彩云、范鹏等8位代表先后发言，习近平总书记认真听取每一位代表的发言，与大家深入交流。

坚决把习近平总书记重要讲话精神落到实处

"习近平总书记的亲切关怀和殷殷嘱托，让在场的所有人如沐春风。"回想起习近平总书记3月7日参加甘肃代表团审议时的情景，全国人大代表、中国科学院兰州分院院长王涛激动的心情久久不能平复。

会上，王涛代表以《加大祁连山生态环境保护与治理力度》为题，汇报了我省祁连山生态环境整治取得的成效。

30多年来，上海人王涛把祖国西部作为挥洒智慧、无私付出的人生舞台，长期致力于生态环境问题研究，他对祁连山生态环境保护问题有着深入研究和独到见解。他说："以前，甘肃省在生态环境保护问题上走过弯路，受过教训。这两年，全省上下高度重视，绿色发展理念深入人心，省里谋划了十大生态产业，涉及祁连山的问题逐项销号，祁连山生态环境有了较大改观。"

应对旧问题，必须有新内涵。谈到下一步的工作，王涛建议，请求国家有关部门支持实施祁连山地区人工增雨（雪）项目，以提升河西走廊生态涵养功能和生产能力；请求国家支持甘肃先行先试组建绿色金融机构。习近平总书记高度重视祁连山生态环境保护与建设，多次做出重要指示批示，要求抓紧整改。作为一名长期从事生态环境研究的老兵，王涛表示，总书记的讲话为他们做好祁连山的工作增添了动力，他将继续扛起责任，挑起担子，让绿色成为发展的不变底色。

总书记非常关注甘肃的脱贫攻坚。王涛说："总书记把脱贫攻坚工作讲得很透，对甘肃的要求也很具体。作为科技工作者，我们要按照习近平总书记的要求，更好地发挥自身科研优势，助力甘肃脱贫攻坚。"

王涛介绍道，杂交构树是中国科学院植物研究所培育的优质树种，在中国大部分地区都可以种植，构树扶贫工程也被列入2015年我国十项精准扶贫工程之一。这个树种虽然是一种乔木，但是它的叶茎可以作为高蛋白饲料用于牛羊的养殖。"去年，我们把构树从东部地区引进到甘肃的礼县、宕昌，为当地的脱贫攻坚注入了科技活力。"

"今后，我们要更多开展这样的工作，按照脱贫成果可持续的要求，用我们的知识力量，做好贫困地区的技术培训工作，让贫困户掌握脱贫技能和实用技术，确保脱贫之后不再返贫。"王涛说。

给习近平总书记讲《读者》的故事

当听说习近平总书记要到甘肃代表团参加审议时，富康年与团内其他代表一样，内心充满着激动与期待。作为《读者》杂志社社长和总编辑的他，很自然地带了一本杂志，他想给习近平总书记讲讲《读者》的故事。

到今年5月，走过38年风雨历程的《读者》，累计发行量将达20亿册。38年间，它曾是了解域外文化的窗口、国人的心灵读本；现在，它是更加自觉的社会主义核心价值观的坚定守望者。38年间，《读者》既变也不变，既坚守又与时俱进，始终坚持提供正向度的内容，以情感人，以文化人。富康年说，作为一个文化品牌、一种文化现象，《读者》是非常值得解剖的"麻雀"。

富康年的发言，主要围绕文化品牌和文化产业展开。他说，人们认识甘肃，往往是从敦煌、《读者》、牛肉面这样一些文化元素开始。这充分说明，文化是向新朋友伸出的第一只手，"新的历史条件下，我们要把这只手伸得更温暖、更亲切、更加有力量"。

在富康年看来，甘肃厚重的历史文化积淀，参差多态的山川地理，多姿多彩的民族风情，是培植文化品牌、发展文旅产业的天然优势。习近平总书记指出，甘肃发展的最大机遇在于"一带一路"。随着"一带一路"建设深入推进，甘肃文化旅游产业也迎来了大发展。近几年，甘肃文旅产业始终保持着两位数的增长，势头非常好、潜力非常大。他建议，国家在产业规划、平台建设、遗产保护利用等方面给予更多指导和扶持，助推甘肃由文旅资源大省变为文旅产业大省。

当今媒体发展正发生着深刻变革。以习近平同志为核心的党中央高度重视媒体融合发展。《读者》主动依托和利用信息技术成果，用技术赋能内容，在媒体融合发展方面较早起步，做了大量工作，取得了一定成效。

习近平总书记在甘肃代表团重点讲了脱贫攻坚，几天前在内蒙古代表团重点谈了生态保护。这两件事都是关系百年目标、全面小康和中华民族伟大复兴的大事要事。富康年说，在当前世界面临百年未有之大变局、我国内外部环境发生深刻变化、各种不确定性因素和风险隐患有所增多的背景下，习近平总书记再次就脱贫攻坚和生态保护发表重要讲话，充分体现了"不畏浮云遮望眼"的战略定力，充分体现了办好自己的事的坚定决心和坚强意志，充分体现了浓浓的家国情怀和以人民为中心的发展思想。

"扶贫不仅仅是党委政府的事，也是每个人的事，人人都有责任，都要把自己摆进去。"富康年说，作为一名文化工作者，要发挥自身优势，积极投身这场攻坚战，并努力做出应有的贡献。"扶贫必扶智，治贫先治愚。我们要用更好的文章，更多的精神产品，于潜移默化中改变贫困群众的观念，既让他们生长改变自身命运的内生动力，也让他们养成相应的知识与技能。"

坚定必胜的信心，决不辜负总书记殷殷重托

"3月7日，对于2600多万甘肃人民来说是个好日子，习近平总书记来到了我

们甘肃代表团，可以说就等同于来到了我们甘肃，总书记和代表们一一握手，每一位代表发言结束后，总书记都会带头鼓掌，特别平易近人、和蔼可亲，这让代表们欢欣鼓舞，现场的气氛马上活跃了起来！"回忆起习近平总书记参加甘肃代表团审议时的场景，全国人大代表范鹏依然心潮起伏。

习近平总书记在审议时强调，现在距离 2020 年完成脱贫攻坚目标任务只有两年时间，正是最吃劲的时候，必须坚持不懈做好工作，不获全胜、决不收兵。在范鹏看来，这是习近平总书记在甘肃代表团向全国发出坚决打赢脱贫攻坚战的"总动员令"，同时，对于甘肃来说，这也具有着特殊的意义。"我们是当前全国脱贫攻坚任务最重的省份，总书记的动员令一下，我们必须全力以赴，以敢死拼命的精神坚决打赢脱贫攻坚战。"

范鹏表示，甘肃的干部群众必须把习近平总书记的重要讲话精神学习好、贯彻好、落实好，真抓实干，干出成效，正如习近平总书记一贯倡导的，脱贫攻坚一定要做到工作务实、过程扎实、结果真实，绝不能搞"虚假式"脱贫、"算账式"脱贫、"指标式"脱贫、"游走式"脱贫等，要让老百姓感受到实实在在的获得感，脱贫的成绩要经得起历史和人民检验。

面对习近平总书记，范鹏在参加审议发言时提了两点建议，一是将丝绸之路（敦煌）国际文化博览会打造成为"一带一路"文化交流的主要平台；二是希望国家支持甘肃率先设立有色金属产业内陆自由贸易港。"总书记曾指出，甘肃发展的最大机遇在于'一带一路'。近几年，甘肃认真落实这一重要指示精神，不断扩大对外开放水平，产生了显著成效。"范鹏还热情地邀请总书记去敦煌，总书记以一句"神往已久"回应了他，这让他倍感振奋。

甘肃是中国乃至世界的有色金属之乡，产业基础雄厚。范鹏说，与东部省市的综合性自由贸易试验区不同，在甘肃设立有色金属产业内陆自由贸易港，是甘肃这样的西部欠发达地区发展与开放较为可行的路径，只有这样，甘肃才能扬长避短，在最大机遇下找到突破口，实现后发崛起。

一定把总书记的教导变成实实在在的行动

"人民大会堂里温暖的画面还在脑海中浮现，总书记的声音还在我耳旁回响！"

全国人大代表王刚是从事生态环保产业的民营企业家，说起习近平总书记在甘肃代表团参加审议的情景，他的心情激动万分："我是第四个发言，让我没想到的是总书记对我发言中一个具体的技术问题那么感兴趣，问了许多。聆听总书记讲话的时候，我在想，总书记在对脱贫攻坚这种大事非常关注的同时，也在关注科技进步、科技创新，关注民营企业的科技进步带来的企业创新。"

习近平总书记对我省脱贫攻坚提出了明确的要求，民营企业责无旁贷。作为来自工商联系统的一名代表，王刚表示，一定会把习近平总书记的讲话精神带回去，助力甘肃脱贫攻坚工作，让企业家们做事的时候能够更具体更有方向，让他们在助力脱贫攻坚的时候下大力气去扶持产业，首先做到保证到 2020 年先实现脱贫，再通过产业发展巩固脱贫效果。"作为一名生态环保产业的从业者，我一定把总书记的教导变成实实在在的行动，进一步把企业做大做强，为建设山川秀美新甘肃做出应有的贡献。"王刚坚定地说。

王刚的公司在黄河高浊度地表水处理和污水资源化领域坚持创新 20 年，积累了 70 多项专利、200 多项工程业绩和多项省部级科技进步奖。王刚表示："亲身经历告诉我，作为年轻一代民营企业家，最需要创新精神，只有着眼于科技创新、组织创新、管理创新，才能不断开创企业发展的美好前景。请总书记放心，我们年轻一代民营企业家一定会继承和发扬老一辈民营企业家艰苦奋斗、敢闯敢干、聚焦实业、做精主业的精神，心无旁骛创新创业。"

脱贫攻坚　榆中念好"产业经"

——来自兰州市榆中县的蹲点见闻

新甘肃·甘肃日报记者：邱暄美　刘　健　尤婷婷

（2019 年 6 月 19 日）

来到榆中，恰逢甘肃省 2018 年度 18 个贫困县摘帽退出公示期满，榆中县位列其中。

"榆中能脱贫摘帽，一个非常重要的原因就是做好了产业扶贫这篇文章。"榆中县委相关负责同志说。

地处兰州市东南部的榆中，一直都是兰州市脱贫攻坚的主战场。沿着大力发展产业、实现农民脱贫增收这条主线，记者强烈感受到了榆中县脱贫攻坚的强劲脉搏。

搭建新型销售平台，深挖优势产业潜能

榆中县今年雨水格外好，田野里满眼的新绿散发着勃勃生机。

说起榆中农业，当地人不约而同地提起高原夏菜。

高原夏菜，是兰州市部分县区依托夏季凉爽、日照充足、昼夜温差大等气候特点，在高海拔地区生产的优质蔬菜，以其绿色、健康、安全的品质深深地植入了广大消费者的心中。

作为高原夏菜的主产地，榆中高原夏菜在全县农业经济发展中扮演着极为重要的角色——全县 18 个乡镇、143 个行政村中，有近 6 万户农民种植高原夏菜，涉及 24 万人，占全县总人数的 54.3%。2018 年，全县高原夏菜种植面积达 44.3 万亩，蔬菜总产量 110 万吨，实现产值 18.3 亿元，以榆中为主产区的兰州高原夏菜

品牌在国家质量监督检验检疫总局（现国家市场监督管理总局）品牌价值评价工作中被评估了 58.99 亿元。

正是这种不容忽视的地位，让高原夏菜成了榆中做强特色农业、推动脱贫攻坚的拳头产业。

"甘肃高原夏菜看榆中，榆中高原夏菜在马坡。"说起马坡乡的高原夏菜，马坡乡党委书记高辉民如数家珍，言语间透着自豪。

从风景秀丽的兴隆山下沿着新修的公路前往马坡乡，山路蜿蜒向上，白云在碧蓝的天空中时卷时舒。虽已是夏初时节，仍能看到高耸的马衔山顶尚未消融的洁白雪线，令人心旷神怡。

高辉民说，兴隆山海拔 3000 米，马衔山海拔 3600 多米，马坡乡位于两山之间，海拔高、日照强、温差大，这里的蔬菜生长周期长，几乎不受病虫害干扰，而且富含各种营养元素，是榆中高原夏菜中的上品。

与榆中许多乡镇一样，马坡乡将高原夏菜作为脱贫致富的主导产业，加大扶持推广力度，形成了家家户户种菜的局面。

"光种好菜还不行，还得要能卖上好价钱。"高辉民说，蔬菜价格非常容易受市场波动影响。"遇到滞销时，不光卖不上价格，还有烂在地里的风险。"

为了解决这个问题，马坡乡在建设电商平台方面做起了文章。

"去年，公司网上蔬菜销售额近 200 万元。"在马坡乡上庄村的榆中南山蔬菜种植有限公司，刚刚捧回"兰州市农业产业化重点龙头企业"的牌子，负责人张化祥一边在电脑前处理客户新下的订单，一边笑容满面地介绍说。

张化祥销售的蔬菜可不是鲜菜，而是经过脱水烘干加工的干菜。

20 来岁的张化祥是一名返乡大学生。他瞄准家乡的高原夏菜资源，另辟蹊径，2017 年开始建厂，引进设备，将高原夏菜制成了干菜。

优良的品质加上独特的口感，让公司的干菜迅速在网上打开了销路，也给当地高原夏菜销售开辟了一条新路，筑起了一道价格保底的防线。

"年初和农民签订合同，确定种植面积和品种，保底价收购。蔬菜上市时，如市场价超过保底价，就按市场价收购；若低于保底价，则按保底价收购。"

这样的收购模式，公司会不会吃亏了？

"当然不会，这样做保护了农民种菜的积极性，同时乡里也给了我们很大的支持。"张化祥说。

原来，开办公司之初，张化祥也面临着资金不足的问题。经过乡上牵头，村里将 88 万元集体资金作为股金注入南山蔬菜种植公司。条件有两个：一是要开展订单种植，设定保底价；二是以股金收益分红，对口帮扶 44 户建档立卡贫困户，保证每个贫困户每年收益 2000 元。

张化祥说，正是有了村里的这笔资金，才有了公司现在的良好局面。"再说，干菜的利润要比鲜菜高很多，只要农民保持种菜的积极性，我们少挣点没关系，最重要的是能实现双赢。"

"去年拿到了 2000 元的分红，现在给我们贫困户的政策太好了。"拿着一本大红色的分红本，62 岁的马坡乡建档立卡户丁永彩说。

在马坡乡，南山蔬菜种植公司并不是唯一的电商平台。经过乡上的大力引导推广，这两年马坡乡每个村都在发展电商，许多贫困户因得到分红而受益。

依托龙头企业优势，建立精准帮带关系

"我们刚刚在津洽会（中国·天津投资贸易洽谈会）上与天津企业签订了 3600 万元的采供销合同，高原夏菜很快就能出现在天津大超市的货架上了。"一见面，甘肃康源现代农业有限公司（以下简称"康源农业"）总经理谈应勇便把这个好消息告诉了记者。

康源农业，榆中县重点扶贫龙头企业。

这几年，康源农业结合农村"三变"改革，通过土地入股、集体资产入股、扶贫资金配股等多种入股形式，采取"村集体 + 合作社 + 企业 + 基地 + 农户"发展模式，积极推广蔬菜标准化种植，在榆中县 12 个乡镇建成 12 个绿色蔬菜标准化种植示范基地，总面积达 3600 亩。

"每个基地至少能带动当地 20 户建档立卡贫困户。"谈应勇说，康源农业的绿色蔬菜标准化种植示范基地目前已带动了 400 多户建档立卡户实现脱贫致富。

杨建元家是康源农业带动的贫困户之一。见到他时，他正在榆中县甘草店镇三墩营村为康源农业示范基地打理蔬菜冷棚。仅这一个农业产业园区就带动建档立卡

户 32 户。"党的政策好，现在生活好得很。"停下手里的活，杨建元打开了话匣子。

杨建元家所在的克涝村是甘草店镇最偏远的山区村。由于老母亲身体有病，常年卧床，女儿身体有残疾，前些年，靠着 30 亩山区旱地，杨建元一家 5 口人的日子过得紧紧巴巴的。

2017 年底，通过易地扶贫搬迁，杨建元家搬到了三墩营村附近集中安置点，住进了 93 平方米的楼房。

住房的改善只是好日子的开端——在镇政府和康源农业的帮扶下，杨建元进入康源农业蔬菜基地务工，有了工资收入；有股份，每年有分红收入。同时，他妻子被安排到镇政府做锅炉工，又有一份收入。

"现在我们两口子一年至少能挣 4 万多元，比以前翻了好几番。"杨建元说，儿子去年从石化学校毕业后，在杭州找到了工作，家里少了一笔学费支出，手头更宽裕了。

龙头企业带动脱贫，康源农业不是个例。

来到甘草店镇，在芳美肉牛养殖专业合作社，记者见到了在这里打工的建档立卡户张宏喜和蔡引露夫妇。张宏喜说："以前种的是旱地，靠天吃饭，年景好了收成好，年景不好饿肚皮。"

现如今，张宏喜在合作社里喂牛、打扫圈舍，蔡引露在食堂里做饭。两人吃住都在合作社，就把自己养的两头牛托管在合作社里，每年拿分红。

托管牛还能分红？

原来，张宏喜口中的分红是芳美肉牛养殖专业合作社的一种发展模式——"集中托管托养"。通过榆中县配套产业帮扶资金，贫困户购买肉牛，以入股的方式交由合作社集中托管托养，合作社向贫困户每年返还不低于入股本金 10% 的利润进行分红。目前在合作社托管托养的贫困户已有 74 户，户均年增收 2000 元以上。

芳美肉牛养殖专业合作社理事长张国庆说，合作社按照"支部 + 协会 + 合作社 + 农户"的发展模式，通过"母牛还犊""分散养殖育肥""集中托管托养""订单收购饲草""入股分红"五种方式，有力带动了周边贫困户增收致富。

榆中县农业部门有关负责人告诉记者，通过几年的培育，榆中县已筛选确定了 65 家像康源农业、芳美肉牛养殖专业合作社这样的龙头企业，成功打造出高原夏菜、中药材、肉羊、肉牛、马铃薯等 9 大产业联盟，与 2600 多户建档立卡贫困户建立了精准帮带关系。

转变传统发展观念，培育新型发展模式

一朵朵五颜六色的郁金香绚丽绽放，一栋栋观光采摘日光温室宽敞明亮，一间间的仿古小亭清新雅致……来到榆中县李家庄村，这些景致直入眼帘，向每一个造访者展示着田园浪漫。

李家庄村是榆中县城关镇的一个村。虽临近县城，但由于长期缺水，这个村始终缺少主导产业，发展后劲严重不足。

2017 年，李家庄村被确定为全国首批、全省首家田园综合体试点村。全村因此迈上了发展的快车道。

"我们计划建成花海、特色风情小镇、生态田园、生态养殖、智慧农业生产区等 10 大功能区，打造智慧农业种植、千亩观赏花海、特色餐饮、康体养生养老、休闲娱乐、作坊一条街、农耕博物馆等 46 个业态，通过 3 年时间，让李家庄村成为特色果蔬种植、农产品生产交易、乡村旅游休闲、田园娱乐体验、生态养老居住等为一体的复合型田园综合体。"李家庄村党总支书记张建文说，项目计划总投资 22.7 亿元，建成后每年将吸引游客 200 万人，实现年产值 3 亿多元。

有了产业，脱贫致富便有了支撑，贫困户生活就有了保障。

今年 48 岁的李家庄村村民曹致斌前几年因病做了右肺切除手术，不能干重体力活，全家生活陷入困境，成为建档立卡户。李家庄田园综合体项目启动后，他将家里的 7 亩地按每亩每年 1000 元流转给了项目，自己也成为田园综合体的一名保安，每月有 2800 元的固定收入。

不仅如此，旧房拆迁后，村上为曹致斌家分了两套 109 平方米的楼房，居住环境发生了翻天覆地的变化。

"庄稼人一辈子没有想过能过上这样的好日子。"曹致斌说。

建档立卡户马玉德家也因田园综合体项目而受益。

"分了两套房，家里 9 亩地流转了 5 亩，留了 4 亩自己种。"马玉德说，农闲时间，自己还为项目管护树木，每天能有 100 元的收入，再也不愁没处挣钱了。

张建文说，李家庄村全村共有 800 多户农民、9000 多亩地。田园综合体项目启动后，李家庄村对全村建设用地进行整合，实施整村搬迁，家家户户住上了楼房，由村民变成了居民。

更重要的是，村里创新土地流转机制，整合资源，让村民将自己的土地以股份形式参与生产经营，每亩地每年都有一定的基本收益，同时还能从产业发展的收益中分享红利。

张建文告诉记者，李家庄田园综合体项目建成后，能直接解决 1800 多人的就业，并带动 1000 多人实现就业，李家庄村户均收入将达到 10 万元以上。同时，项目还将带动城关镇分豁岔村、上蒲家村、朱家湾村 3 个村共同发展致富。

随着李家庄田园综合体项目的实施，李家庄村农作方式也悄然发生变化。

"以前的大棚又矮又小，没有水也没有电，全家人忙前忙后，一年的收入也就 2 万多元。但现在完全不一样了，用这个 APP，就能掌握大棚里面的温度、湿度等情况，还可以通过摄像头查看不同区域的蔬菜长势。点一下喷水的开关，阀门就会打开浇水。"村民郭小燕拿着手机演示说。

作为田园综合体项目的一项主要内容，包括郭小燕家在内的全村 150 多座蔬菜大棚都得到了提升改造。

"如今我和老头子两人就可以忙棚里的事，收入是以前的 3 倍呢。去年 7 月大棚进入休整期，有一个月时间休息，全家人还去敦煌和青海旅游了呢！"郭小燕幸福的笑容洋溢在脸上。

自今年 4 月天气回暖以来，前来李家庄村休闲旅游的游客络绎不绝，郭小燕家的许多果蔬都以游客采摘的方式售出。

除了借助乡村旅游发展采摘经济，李家庄村还开通了微信公众号，大力发展会员，培养固定顾客群体。人们只要扫码，就可以下单，足不出户就能吃到李家庄村的绿色农产品。

全新的发展模式，让李家庄村人的日子越过越红火。

立法护长城

——写在《甘肃省长城保护条例》实施之际

新甘肃·甘肃日报记者：尤婷婷

（2019 年 7 月 12 日）

长城是中华民族的精神象征，具有特殊的历史文化价值。

《甘肃省长城保护条例》在甘肃省第十三届人民代表大会常务委员会第十次会议审议通过，已于 7 月 1 日起正式实施。

加强我省长城资源保护

甘肃省是长城资源大省，长城总长度 3654 千米，在全国属于第二，其中明长城 1738 千米，为全国之首。战国、秦和汉、明代的长城西端起点都在我省境内。因此，做好长城保护对于我省来讲是一项非常重大的责任。制定《甘肃省长城保护条例》，既是坚决贯彻落实党的十九大精神的实际行动，也是贯彻落实国家关于加强文物保护工作要求的具体体现。

甘肃省人民代表大会教育科学文化卫生工作委员会主任范鹏表示，《条例》的出台对于有效保护我省长城资源，弘扬民族精神，促进我省文化与旅游深度融合发展具有非常重要的作用。今年全国两会期间，甘肃代表团也以全团名义向大会提出重点建议，争取国家对甘肃长城保护的支持。可以说，甘肃省非常重视和珍惜甘肃的长城资源，通过立法，可以有效解决我们在长城保护中普遍存在的一些认识不到位、重视不够、投入不足、保护力度不强和随意破坏等问题。

根据上位法细化《条例》

从 2015 年开始，甘肃就启动了《长城保护条例》的立法工作。

省人大法制委员会主任委员楚才元介绍说，立法过程中主要做了以下几方面工作：第一，认真学习习近平总书记关于保护长城的重要指示精神。第二，明确界定了省、市、县及乡镇四级人民政府在长城保护中的工作职责。第三，我省的长城点多线长，囊括了长城的诸多类型，自然因素对长城的破坏比较大，在立法过程中加强了这方面的管理，同时进一步明确了保护重点。第四，加强了一些保护的措施，比如对保护长城的机构和经费等做了明确的规定。第五，根据上位法，对一些禁止性的规定做了进一步细化。

在立法过程中，对于禁止性规定，凡是上位法有的规定，都在地方性法规条例中全部进行体现，在这个基础上，根据实际情况进一步细化。

明确相关法律责任

《条例》对长城保护的措施进行了明确和细化，这符合甘肃省的实际。对于长城保护的"四有"，即有保护管理机构、有标志说明、有保护范围和监控地带、有长城档案，都提出了明确的要求。《条例》对巡查制度进行了明确，这是一个非常重要的突破，在全国也是创新。同时，从日常保养、维修、工程建设过程中涉及长城等内容，都做了明确的规定。《条例》在禁止性规定方面也比较严格，对于在长城上或者在保护范围内进行的禁止性活动的规定比国家的规定更严格。

《条例》在扩大长城利用、发挥价值方面有一些新的规定。倡导对长城进行适度有序的利用，确定了适度有序、公益优先、可持续利用的原则。鼓励开辟长城保护利用的示范区以及建设长城文化公园，鼓励社会以不同形式参与保护利用长城，如捐资捐助、开展志愿活动、认领长城等。通过长城保护条例的颁布来推动和促进长城的利用，让它更好地发挥价值和作用。

保护长城 人人有责

审议中，省人大常委会组成人员认为，《条例》的出台有利于我省长城的保护和利用。同时建议，各级政府要加大对长城保护和管理的投入，加大对长城保护的宣传教育工作，使长城更好地得到保护、开发和利用。

在采访中，省文物局局长马玉萍告诉记者，《甘肃省长城保护条例》颁布以后，文物部门要切实把《长城保护条例》规定的责任梳理落实到位，明确每一个长城点段的直接责任单位。要加大保护的力度，对于有病害的长城加强抢险和保护。大力推进长城的利用，今年考虑建立几个长城利用的示范区，切实让长城蕴含的文化价值能够得到弘扬，能够助力甘肃经济社会以及文化旅游业的发展。要边执法边普法，结合《甘肃省长城保护条例》的颁布，开展专门的普法宣传活动，让公众知道为什么要保护长城，知道怎么样去保护长城，从而形成长城保护人人有责的良好社会氛围。

一个"微心愿" 美了一个村

——康县岸门口镇杨家河村见闻

新甘肃·甘肃日报记者：尤婷婷
（2020 年 6 月 25 日）

记者近日来到陇南康县岸门口镇杨家河村，每家每户的院子都收拾得井井有条，农具放得整整齐齐；走进村民家中，屋里的桌子、凳子、柜子一尘不染，床上的被子叠得整整齐齐，灶台更是干净整齐，处处呈现出"风景美、人更美"的新风貌。

这个藏在大山深处好似世外桃源的地方，是如何打造出来的呢？村党支部书记唐克林告诉记者，杨家河村是康县的深度贫困村，经过几年的努力，村里绝大多数贫困户已经圆了脱贫梦。为了稳定增收，村里发挥山清水秀优势，大力发展乡村旅游。2019 年初，在政府部门和帮扶单位的支持下，杨家河村的美丽乡村项目顺利开工，昔日的深度贫困村很快实现了华丽转身——古民居修旧如旧、古色古香，村里小桥流水、青石台阶、花香四溢。

村子变美了，可村民家里，却常常是"庭院乱堆放，灶台藏污垢"。村干部多次上门做工作，但是村民认为这是自己家的事，别人管不着。

2019 年 8 月，一场文明习惯养成活动拉开帷幕。帮扶干部和村干部一道向村民征集"微心愿"，同时精心设计了十项涵盖个人卫生和居家环境的评分细则，每周打分公布，最终按照积分排名兑现前 21 名的"微心愿"。

活动开展以来，村民贾考用家的积分一直名列前茅。他有两个孙女正在读书，他家的"微心愿"是希望村里能有一个学生书屋，如今这个心愿已经变成了现实。

在贾考用等村民的示范带动下，村民积极动手改变家居环境，从锅碗瓢盆、衣柜被褥，到房前屋后、养殖圈舍，都整理得有条不紊，打扫得干干净净。

"'微心愿'调动了村民的积极性，帮助大家改变了陋习，养成了良好的生活习惯。"唐克林说。

村民蒲建斐这些年一直在上海打工。今年他带着老婆孩子回家过年，一进村口就被眼前的美景惊呆了。"真没想到，从小长大的山沟沟能发展得这么好。"他和家人一合计，决定不出去打工了，把家里的房子翻新装修，就在家里开起了民宿。

"我家现在共有5间民宿，每天都有客人来住，周末和节假日里，还得提前预订呢！"蒲建斐笑得合不拢嘴。

学法用"典" 让《民法典》落地生根

——甘肃进一步营造学习宣传《民法典》的浓厚氛围

新甘肃·甘肃日报记者：尤婷婷

（2020 年 9 月 17 日）

《民法典》的颁布实施，开启了中国当代民事立法的崭新篇章，使中国进入了"民法典时代"，这对于完善中国特色社会主义法律体系、保障人民群众的合法权益、规范社会主义市场经济秩序、推进全面依法治国，具有十分重大的意义。

全省各地各部门高度重视，迅速行动，广泛深入开展了多种形式的普法宣传活动，推动全省快速掀起学习宣传《民法典》的热潮，进一步营造全民尊法学法守法用法的浓厚氛围。

"十个一"活动牵引带动全省学习宣传《民法典》

为深入贯彻落实习近平总书记关于广泛开展《民法典》普法宣传的重要指示，切实让《民法典》走到群众身边、走进群众心里，引导广大群众养成自觉守法的意识，形成遇事找法的习惯，培养解决问题靠法的意识和能力，省委宣传部、省委全面依法治省委员会办公室、省司法厅印发了《关于做好〈中华人民共和国民法典〉学习宣传工作的通知》，就做好《民法典》学习宣传工作做出全面安排部署。

我省组织开展《民法典》学习宣传"十个一"活动，即召开全省学习贯彻《民法典》工作座谈会、举办《民法典》专题法治讲座、制作电视专题访谈节目、开展《民法典》巡回宣讲、媒体集中宣传、网络视频授课、公益广告展播、有奖答题、法治动漫微视频征集展播和"法治文化基层行"活动，牵引带动全省学习宣传《民法典》。

充分发挥法官、检察官、律师、公证、基层法律服务等人员专业优势，在司法、执法和法律服务中以案说法、以案释法，达到办理一个案件宣传一部法律的社会效果。要广泛运用庭审直播、案件旁听、民事典型案例宣讲、网上系列讲座等形式，通过案例通俗易懂地分编讲解《民法典》，提高公众参与度和学法热情。

让《民法典》走到群众身边，走进群众心里

金秋九月开学季，兰州市各区司法局邀请普法讲师团，用一个个生动的案例，为各中小学校送上了"法治第一课"，为孩子扣好人生第一粒法治扣子。

"孩子们，吃完的西瓜皮能直接从楼上扔下去吗？""小明在校园内受到欺凌，该怎么办？"兰州市红古区司法局联合区教育局在兰州市第十八中学开展"《民法典》进校园"活动。

活动中，普法讲师团的工作人员用通俗易懂的语言，为同学们讲解了《民法典》中关于见义勇为、好意施惠、参加高风险活动的风险责任承担、人格权侵权责任、高空坠物致人损害救济方法等一些与学生日常学习生活息息相关的法律知识，同时发放《民法典》《民法典与生活同行》民法讲解读本等普法资料，激发同学们学法的热情和兴趣，进一步提升普法效果。

酒泉市肃北县马鬃山司法所在新建成的"蒙古包讲学堂"开设了《民法典》专题学习讲座。主讲人结合自身办案实际，从《民法典》的编纂背景着手，对《民法典》相关内容进行了深入浅出的讲解。

在全社会营造学法用典的良好氛围

"汲取《民法典》的磅礴力量，在全面依法治省工作中贯彻实施好《民法典》""建设完善的公共法律服务体系，不仅让《民法典》走进百姓生活，更是人民群众维护合法权益的有力武器""清晰'公'与'私'的边界，体现人民意志，彰显权力温度"……这是省司法厅举办的年轻干部学习《民法典》交流展示会，学习小组学员代表从不同角度、各个方面分享他们的学习成果与心得，每名学员结合各自学习情况谈体会、谈认识、谈收获，着重对《民法典》颁布的历史背景、编纂历程和重大意义进行了深刻阐释讲解，对《民法典》的重要内容、重点章节和精神实质

进行了深入学习研讨。大家纷纷表示，作为一名司法行政人，要努力争做尊法学法守法用法的模范，迅速掀起学习宣传贯彻《民法典》热潮，带头推进和保障《民法典》的实施，真正让《民法典》走到群众身边、走进群众心里。

西北民族大学民汉双语志愿服务团、甘肃省甘南州合作市司法局联合在合作市卡加曼乡、通钦街道办、坚木克尔街道办开展《民法典》普法宣讲宣传活动。普法志愿者向群众发放由西北民族大学印制的《民法典之必备500条（双语）》图书、"《民法典》50问答"宣传单页。此次活动的开展，在广大群众生活中营造了良好的法治文化氛围，提高了群众法律意识，有力推动了《民法典》的宣传。

武威市凉州区司法局组织干警和志愿者对包抓共建社区居民开展了入户走访，给市民发放了文明手册、《民法典》等宣传材料，并耐心细致地讲解了社会主义核心价值观的深刻内涵、《民法典》相关法律条文、创建全国文明城市的目的和意义、创城采取的措施和办法、取得的成效以及卫生健康知识，还向居民征询了对文明城市创建的意见建议，并填写了调查问卷。社区居民纷纷表示，工作人员入户走访开展宣传的形式，让干部和群众的心连在了一起，对创城采取的措施和办法以及对法律知识通俗易懂的解读让人印象特别深刻，记得住、想得起、用得上，更容易引领大家抛弃陋习，主动践行文明，共同推进文明新时尚，为创建全国文明城市贡献自己的力量。

敢"拼"敢试　以"新"破局

——探寻兰州新区逆势崛起之路系列报道之一

新甘肃·甘肃日报记者：王光庆　邱暄美　白德斌　刘　健　尤婷婷

（2020 年 9 月 21 日）

20.2%！

这是兰州新区今年二季度的 GDP 增速。

一石激起千层浪。曾经，面对诸多困难和挑战，甚至遭受"鬼城"质疑的兰州新区，却在经济下行的巨大压力下，逆势崛起。

8 年的时间，很长！因为，全省的目光都聚焦兰州新区的发展，等待着它"破茧成蝶"的那一刻。

对于兰州新区来讲，8 年却很短。在一张空白的"草纸"上，绘出一座现代化的新城，需要付出多少努力，可想而知。

"时间不够用"，成为兰州新区干部的最大感受。

争分夺秒！即使在新冠疫情面前，兰州新区在确保"零确诊""零疑似"的前提下，"一企一策"迅速复工复产。

数据显示，今年前 8 个月，兰州新区的固定资产投资额、规上工业增加值、一般公共预算收入、用电量、市场主体分别增长 10.2%、31.7%、9.6%、16.4% 和 17.3%，大口径财政收入增幅更是达到 77%。

华丽的数据背后，究竟有着怎样的强力支撑？采访组日前深入兰州新区，探寻兰州新区逆势崛起之路。

全省之力在汇聚

时间倒回 8 年前。

2012 年 8 月，随着国务院的正式批复，兰州新区成为国家发展大棋局中一枚重要的棋子。

"西北地区重要的经济增长极、国家重要的产业基地、向西开放的重要战略平台和承接产业转移示范区"，承载着四大功能定位的兰州新区就此出发。

肩负国家级新区的使命、拥有广阔空间的兰州新区，该以什么样的姿态呈现在全国面前？

挑战总是与机遇相伴。

历史上的秦王川干旱少雨，流传着"此地原本是荒滩，祖先明末才种田"的歌谣。直至 20 世纪 90 年代，随着"引大入秦"工程的通水，这里才迎来历史性的转机。

但即便在新世纪第一个 10 年，秦王川依然是一个以种植为主的农业区，没有任何工业基础。

从思路到规划，从基础到产业，从政策到服务……一个个难题摆在了兰州新区面前。

"发展过程并非一帆风顺，我们也曾遇到过成长的烦恼。"兰州新区主要负责同志说。新区发展初期，经济实力弱与改革创新不足叠加，国家级新区动能发挥不充分，新区一度"新"不起来。

关键时刻必须要有关键之举。当兰州新区发展缺乏动能之时，省委、省政府作出"举全省之力"建设兰州新区的决策部署，并且 8 年来持续"加码"，成为新区崛起的根本。

兰州新区获批国家级新区之后，省委、省政府迅速研究出台《关于支持兰州新区开发建设政策的意见》。2017 年，在兰州新区动力转换期，下发《关于支持兰州新区加快发展的政策意见》。

在兰州新区发展的每个关键时期，省委、省政府为其量身定做的支持政策总能如期而至。

2020 年 7 月，省政府再次出台 20 项 "真金白银" 的举措，进一步支持兰州新区深化改革创新。

"没有省委、省政府的全力支持，没有全省上下的鼎力支持，就没有兰州新区今天良好的发展态势。" 兰州新区主要负责同志说。

上下同欲者胜。如今的兰州新区核心区，160 平方公里范围内基础设施全面配套。广阔的土地上，条条大路纵横交错，一座座产业园区分布其间。林立的高楼大厦和密布的厂房车间，无不显示出这座新城的生机。

设施全了，环境好了，投资纷至沓来。从 2011 年到 2019 年，兰州新区地区生产总值从 39 亿元增长至 201.6 亿元，年均增幅达到 22.8%，增速连续多年位居国家级新区第一。

改革之力在奔涌

兰州新区的开发建设之路，从一开始就没有成熟的模板，注定要走前人没有走过的路。

今日的崛起，靠的是敢于先行先试，矢志不渝地向改革要动力。

加速发展，兰州新区遇到的第一个问题就是：项目落地速度慢。

建设初期，一个投资项目从立项到落地往往需要一个相对漫长的过程。产值迟迟形成不了，政府着急；钱花了，却迟迟得不到回报，投资者着急；更重要的，还容易错失发展机遇。

2016 年起，兰州新区着力以改革提升服务效能，努力打造 "管理效率最高、服务水平最优、运营成本最低" 的现代化新区。

按照项目审批环节的必要性，兰州新区在全省率先推出了承诺制试点工作，将过去一些需要审批，但能够通过项目实施主体承诺代替的审批事项，全部改为承诺制，不再进行审批。

兰州新区对整个审批流程进行优化，能够取消的全部取消，能够并联开展的全部并联，能够不见面办理的全部通过网上办理。

2020 年，兰州新区在前两年改革的基础上，推出了 3.0 版本的 "项目策划 ＋ 蓝图管控 ＋ 容缺受理 ＋ 区域评估 ＋ 代办服务 ＋ 并联审批" 综合服务模式，取消修建性详细规划审查，企业在取得用地和总平面图后，拿地即可开工，项目落地周期平均缩短五分之一，又一次走在了全国前列。

"政府是为企业服务的，兰州新区要实现高质量快速发展，就必须打造出适宜企业发展的最优营商环境。"兰州新区主要负责同志说。

坚定改革的态度，源于对发展的清醒认识。从管理体制到干部人事，从招商扶商到国资国企，改革在兰州新区深度进行，涵盖了8大领域。

发展观念变了，干部作风转了，办事效率高了，国家级新区建设因改革而全面加速。

兰州新区开展建设以来，已累计引进产业项目760个，总投资3700亿元，高端装备制造、新材料、大数据、生物医药等十大产业全链循环发展。

2019年，兰州新区获评"中国（区域）最具投资营商价值新区"，成为西北经济最活跃的地区之一。

绿色之力在升腾

绿色化工产业园区是兰州新区新近打造建设的又一产业园区。

在很多人眼里，化工都是经济发达地区淘汰下来的落后产能，在兰州新区布局化工产业，合适吗？

对这个问题，兰州新区提供了另一个视角——绿色。

总体规划面积达100平方公里的绿色化工产业园区就是一个很好的例证。

在不到两年的时间里，兰州新区绿色化工产业园区已引进化工产业项目128个，落地产品367种。其中，10多个项目已在不足半年的时间里建成投产。未来几年，有望成为一座产值超过1000亿元的绿色化工产业园区。

大园区折射大新区，绿色化工产业园区的快速发展是兰州新区发展变化的一个缩影。

近两年来，兰州新区敢于打破阻碍发展的条条框框，坚持绿色发展理念，调整思路规划，大胆尝试发展绿色生态产业。

现代农业，成为兰州新区的一个新产业。

"发展农业？"有人质疑：是否适合新区？

在科学论证的基础上，兰州新区因地制宜发展起了现代农业。

如今，与现代化工业厂区相邻的是一座座高标准的日光温室、双模大棚，各种水培蔬菜、有机果菜长势旺盛，刷新着人们对现代农业的认知。

在面积达 10 多万平方米的高端智能花卉温室里，各色玫瑰花、非洲菊散发着怡人的香味，竞相绽放。

"明年，兰州新区的鲜切花产量将达到 1 亿枝，产值达到 4 亿元，成为西北地区最大的花卉产业基地。"兰州新区有关负责人介绍。

兰州新区的建设发展，不仅在拼质量、拼效益，还在拼结构、拼绿色。

不忘初心，接续奋斗。经过 8 年的不懈努力，在这个曾经贫困落后的农业村镇，一座产业快速集聚、产城融合、开放平台功能逐渐释放的现代新城正在拔地而起。

从"零"起步 动力"十"足

——探寻兰州新区逆势崛起之路系列报道之二

新甘肃·甘肃日报记者：王光庆 邱暄美 白德斌 刘 健 尤婷婷
（2020 年 9 月 23 日）

最终，在反复考察论证后，九江德福（九江德福科技股份有限公司）选择在千里之外的兰州新区建立"新厂"——甘肃德福新材料有限公司。

对于这样的选择，德福给出的理由，一是"距离原材料更近"，二是"与兰州新区产业布局相契合"。

九江德福的到来，让兰州新区又多了一家实力雄厚的新材料企业，从而为新材料产业增添了新的动力。

从最初的"零"起步，到如今的绿色化工、新材料、商贸物流、先进装备制造、新能源、大数据、生物医药、现代农业、文化旅游、节能环保十大产业，兰州新区聚集产业的能力在不断增强。

产业是发展的根基。历经风雨的兰州新区更加深刻地理解产业的重要性，正在坚定不移地践行创新、协调、绿色、开放、共享的新发展理念，全面提升新区的产业基础能力和产业链水平，推动新区高质量发展。

截至目前，兰州新区已累计引进产业项目 760 个，总投资 3700 亿元，点燃了产业发展的强劲引擎。

优化布局，不是什么"菜"都要捡

在一张"白纸"上画画，没有合理的布局，很容易画成一团糟，搞成一团乱麻。
兰州新区从一开始就没有走拼规模、拼数据的老路，而是因地制宜，不断优化产业布局。

从建设初期规划的七大产业发展到如今的十大产业，兰州新区牢牢抓住产业发展这个根本，不断优化产业布局，形成集群效应。

"建设发展兰州新区，首要的是聚焦产业，形成支撑区域持续发展的产业集群。但最关键的是要选择契合优势、符合实际的产业。"兰州新区主要负责同志说。

"我们的优势有什么？怎么才能让这些优势发挥效应？"这是兰州新区在建设发展过程中常常思考的问题。

的确，发展经济、培育产业集群，需要准确地认清自己的优势和劣势。

甘肃是全国中药资源大省。这几年，兰州新区通过出城入园、招商引资等各种方式，着力打造包括中成药研发生产在内的生物医药园区，目前已有包括兰州佛慈、和盛堂制药、兰药药业在内的 10 个项目建成投产，初步形成中成药、化学药、动物疫苗、医疗器械、医药物流等生物医药产业集群。

"无论是土地价格、生产成本还是优惠政策，周边都和兰州新区无法比拟。"兰州和盛堂制药股份有限公司董事长夏祥说。

生物制药，就是兰州新区因势利导规划的重大产业。

站在兰州新区西北部的一处高点远眺，眼前数十平方公里的区域内塔吊密布，一幢幢大楼和厂房已在短短一年多时间内拔地而起。

"这是新近启动的绿色化工园区，未来几年，这里将形成千亿元的产业，有望成为全国重要的化工基地。"介绍起园区建设速度和发展前景，园区招商组负责人赵新民颇为自豪。

化工新材料、医药农药原料及中间体、化学助剂试剂……这些化工产品与国计民生息息相关，紧扣"承接产业转移示范区"功能定位，兰州新区全力培育新的绿色化工产业集群。

兰州新区正在持续培育新兴产业，打造现代产业集群，为在新时代实现高质量发展积蓄强大动能。

优化结构，不是什么都往"筐"里装

新的发展思路让兰州新区充分发挥优势，不盲从热点，产业发展之路越走

越宽。

随着产业发展的不断深入，高质量、高标准、高精尖成为一种必然选择。

兰州新区高度重视产业结构。落后的产能坚决不要，传统的产业加快升级，战略性新兴产业热烈欢迎。

在甘肃德福新材料有限公司，车间生产全过程实现系统化、可视化管理。"我们目前基本上是满负荷生产，由于产品质量好，市场供不应求。在确保市场供应的同时，我们加大研发力度，争取在新区制造出世界最薄的铜箔。"甘肃德福新材料有限公司副董事长王乾说。

甘肃德福新材料是新区推进制造业智能转型、促进工业经济高质量发展的一个代表。如今的新区，智能制造大潮迭起，一大批传统制造企业迎潮而上，积极拥抱数字经济，创新活力持续迸发。

对兰州新区来说，实现高质量发展，最重要的就是抓好产业项目培育。新区以大数据智能化为引领，坚持改造提升传统产业和培育壮大新兴战略产业"两条腿"走路，加快构建市场竞争力强、可持续的现代产业体系，抢占西部经济制高点。

兰州新区通过大力实施高新技术和战略性新兴产业发展行动计划，推进高端产业集聚集群发展，一个个大项目、好项目的加快建设，呈现出高端化、集聚化态势，有效推动了新区产业结构持续优化。

近两年来，兰州新区把发展和壮大实体经济作为目标任务，围绕打造西北实体经济新高地，推动绿色化工、新材料、大数据、现代农业等十大产业全链循环发展。

千亩中药材育苗、千亩智能温室花卉、万亩设施农业、万亩林果、10万亩特色种植基地，百万只羊、万头奶牛养殖园，200万吨粮油精深加工、150万吨饲料加工、5万吨冷链物流等现代农业生态种养加循环产业链形成……

以前，兰州新区干旱少雨，气温较低。许多人总把这一点当作发展劣势。但兰州新区的决策者却紧紧抓住大数据产业正在快速发展的契机，着力培育大数据企业到兰州新区落户。

"年平均湿度54.9%，平均气温仅为6.9摄氏度，能够有效延长设备寿命，降低维护成本。"兰州新区科文旅集团大数据产业园项目负责人邵广礼说。

国网云数据中心、腾讯财付通、5G融合应用……发挥气候温凉、电力富余优势，利用已建成国际互联网数据专用通道，在兰州新区，已有15个大数据项目上网运行，22个项目加快建设，一个大数据产业集群正加快崛起。

今年前8个月，兰州新区规上工业增加值同比增长31.7%。

优化服务，不是什么"事"都要企业担

走进位于兰州新区的甘肃峻茂新材料科技有限公司的生产车间内，一派热火朝天的景象。

2019年1月4日，峻茂新材料落户兰州新区，8个月后投产。如此快的建设速度，源自兰州新区的优质服务。

"从这个项目落户兰州新区，所有的手续一站式服务，全程有专门的人员来对接我们，帮着办理手续，协调各种事项。"甘肃峻茂新材料科技有限公司总经理庄英俊深有感触地说。

然而，刚刚投入生产就遭遇了新冠疫情，企业不能正常生产，面临重大挑战。为此，兰州新区精准施策，统筹制定分类分批复工复产方案，建立向重点企业和项目派驻联络员制度，及时协调解决用工、资金不足等问题。

采取"一企一策""一人一企"方式，专人服务绿色化工企业及项目单位。根据最初用工不足情况，开展"春风行动"网络招聘活动，为有用工需求的企业招聘500多人，主动与一些地方联系，接收当地劳务人员来新区务工。

"企业能正常生产，多亏兰州新区政府部门搭建的产业链供应链协同发展平台，让我们不仅快速找到了新订单，还为企业深耕西北市场打下了坚实基础。"甘肃大禹防水科技发展有限公司副总经理吕健说。

面对突如其来的疫情，订单急剧下滑。正在企业一筹莫展时，兰州新区经济发展局协同其他部门对辖区内上百家企业生产经营状况摸排调研，对企业的供需信息、产品型号等按产业类型编辑成册，下发给相关政府部门和企业，并举办了产业链供应链协同发展对接会，让不少企业快速找到"心仪对象"，实现产销对接。

目前，产业链供应链供需平台已有100多家企业入驻，涵盖上千种产品供需信息。在外部市场受到冲击的情况下，搭建供需平台旨在鼓励引导企业就地就近采

购产品设备、使用施工队伍，推动区内原料、产品等生产要素循环，实现区域产业协同发展。

据介绍，除了线下不定期举办对接活动外，兰州新区还正在搭建线上供需平台，通过对企业供需大数据的梳理、分析，总结区域产业链短板。

想企业之所想，急企业之所急，兰州新区不断优化服务，提升服务水平。

随着一大批国内知名企业项目的落户，兰州新区实现了逆势上扬，挺起了"西北地区重要的经济增长极"的脊梁。

"改"字当头 "顶"风起航

——探寻兰州新区逆势崛起之路系列报道之三

新甘肃·甘肃日报记者：王光庆　邱暄美　白德斌　刘　健　尤婷婷

（2020 年 9 月 24 日）

逢山开路，遇水搭桥。

这或许是兰州新区 8 年奋斗时光里，让人感触最深的。

"挑战很大，问题很多，我们唯有迎难而上，向改革要动力，向创新要活力。"兰州新区主要负责同志说。

无数个日夜，数不清的难点，一一用"改革创新"的办法去化解，才有了今天逆势崛起的兰州新区。

特别是在面对逆风逆水的环境时，兰州新区坚持发挥好改革的突破和先导作用，打破瓶颈，汇聚优势，增强动力，开好"顶风船"。

找准"痛点"，让改革有方向

经历过前期的大规模基础设施建设，到 2016 年末，如何加快投资项目落地速度成为兰州新区在发展当中遇到的一个不容回避的问题。

尽管作为国家级新区，兰州新区已经减少了许多审批流程，但一个投资项目从投资者有意向，到最终落地建成，没有两三年的周期往往还是很难实现。

"要加速发展，就要持续深化改革，打破条条框框，打造效率最高的国家级新区。"兰州新区主要负责同志态度坚决。

一个项目要建设，首先要有合法的投资主体。提效改革，兰州新区从一张营业执照的办理开始。

开展"证照分离"，将174个涉企经营许可事项全部纳入改革范围，先发照，再申请相关的经营资格；推进注册登记便利化，在全省率先推行放宽经营范围、住所登记、一照多址等举措；开办"审核合一、一人通办"，把审批权限授权窗口，大力压缩审批环节……改革，赢得群众一致好评。

"早上审核通过，下午就拿到了营业执照，整个过程特别顺畅，没想到能这么快。"回想起办理企业注册登记的过程，兰州华宿酒店管理有限公司工作人员徐明杰竖起了大拇指。

投资项目从前期审批到建设全过程的快慢，是决定项目落地速度的关键。兰州新区对原有的审批事项进行了全面清理，能减的减、能并的并、能由企业承诺的全部改为承诺。审批流程也得到大幅度的优化，全面推行并联审批、限时审批、容缺受理等制度。

走进宽敞明亮的兰州新区政务服务中心，来自兰州新区各相关部门的派驻人员正忙碌地为上门群众办理各种业务。

"已经实现了'一窗办'，随意到任何一个窗口都能办事。如果不知道该咋办，没关系，还有帮办、代办人员免费帮着办。"兰州新区经济发展局副局长侯成武介绍说。

作为兰州新区审批制度改革工作的参与者，侯成武深感改革力度之大。

"改革前，投资项目审批事项有147项，现在缩减到了8项，审批时间从原来的137个工作日，到现在只需26天。"侯成武说。

为加快推进改革，从2017年以来，兰州新区党工委曾先后20多次在党工委会议上研究改革事项，管委会召开的"放管服"工作例会达到了30多次。

疏通"堵点"，向改革要活力

8年持续改革，一路闯关夺隘。

今天兰州新区深化改革，更要勇往直前。

管理体制和人事制度向来是改革的难点，没有刀刃向内的勇气，改革很难形成实效。

2017年，兰州新区将原有的39个县级机构压缩为29个，整合设立了21个工作部门，在全省率先整合成立了市场监管局，构建了大人事、大经济、大建设、大监管等"大部制"机构设置格局，最大限度避免职能交叉、政出多门、多头管理的局面。

针对党工委、管委会机关干部队伍学历不高、高层次人才短缺问题，兰州新区通过公开选招，从全国范围内选拔了 510 名学历高、素质高、经验丰富的干部，第一学历本科及以上人员占比从 48.8% 提高到 72.2%，最高学历本科及以上人员占比从 74.8% 提高到 89.8%。

激发干部干事创业的活力，改善工作作风是人事制度改革的重要目标。兰州新区在全省率先实行"全员聘用制、全员绩效工资、全员绩效考核"，建立了目标设置、过程管理、结果运用、薪酬分配"四位一体"绩效考核机制。

"无论之前是公务员还是事业编制，来到新区，工资和待遇、福利都和新区聘用人员一视同仁，考核成效高的干部工资就会拿得多。"兰州新区组织部考核办副主任达选娟说，干部不努力，会"拉"低科室的分数；科室不努力，还会把整个部门的分数"拉"下来。

自绩效考核推行以来，兰州新区同级同岗工作人员月绩效工资最大差距达30%。什么概念，每月少拿 1200 多元。更重要的是，如果排名靠后，评优和晋升也会受影响。

人员能进能出、职务能上能下、待遇能升能降，干部由"身份管理"向"岗位管理"转变，薪酬待遇由"死工资"向"活薪酬"转变，一股干事创业的新风在兰州新区扑面而来。

快速崛起的城市、广阔的发展空间，吸引了许多年轻干部从四面八方到来，兰州新区经济合作局统计督查科的杨婧便是其中之一。

但是，在兰州新区工作，杨婧不得不面对一个现实问题：爱人在甘南，两个儿子和老人在兰州市区，一家人在三个地方。

"以前聚一次可费劲了。"她说。

"人在新区、心系外地"，在兰州新区，这种情况并不少见。为了让广大干部安下心来，兰州新区创新引育机制，推出解决干部夫妻两地分居工作的相关政策，但有一个前置条件——绩效考核成绩必须靠前。

今年，好消息传来，因符合政策条件，杨婧的爱人也来到了兰州新区工作。

"计划把孩子们也接来，让一家人在兰州新区团聚。"杨婧说。

紧盯"弱点"，用改革闯新关

通过一系列改革，兰州新区的营商环境发生了巨大改变。

"感受最深的是，人们的思想观念变了，工作作风转了，对群众、对企业的服务越来越主动、越来越细致了。"兰州新区政务服务中心行政专员胡亚军说。

产业兴起、项目落地、企业进驻……持续加码的改革，让兰州新区投资项目的落地速度位居全国前列。然而，改革行至"深水区"——两难问题突出，改革与发展问题相伴，经济与社会矛盾交织。

"自身哪方面薄弱，就努力去改，改出动力、改出创造力。"兰州新区主要负责同志说。

产业要壮大、企业要发展，不能是"引进来"就放任不管，一定要时刻关注他们的需求，帮助企业解决发展中遇到的各种问题。为此，兰州新区通过深化改革，不断努力降低企业的要素成本。

"成本上的每一元钱、每一分钱都是企业所看重的，要让企业更具竞争力，就要想方设法降低企业要素成本。"兰州新区主要负责同志表示。

这几年，围绕水、电、气、暖、土地、运输等各种生产要素，兰州新区持续下调价格。"自从天然气价格下调后，我们企业去年便减少了100多万元的支出。"兰州和盛堂制药股份有限公司生产负责人董建斌说。

兰州新区科文旅集团大数据产业园则惊喜于电价下调带来的巨大红利。

"电价从以前每度0.68元下调到了0.28元，这意味着2000个功率为6千瓦的机架一年的电费成本能从6790万元到2796万元，节省58%以上。"兰州新区科文旅集团大数据产业园项目负责人邵广礼说。

站在全面深化改革的新起点上，放眼过去改革的丰硕成果，兰州新区精神振奋；面对未来改革的艰巨任务，其实并不轻松。

改革仍在闯关时。兰州新区主要负责同志表示，将持续深化改革，激发新发展活力，推动新区迈入新的发展阶段。

山川作"画" 点绿成"金"

——探寻兰州新区逆势崛起之路系列报道之四

新甘肃·甘肃日报记者：王光庆 邱暄美 白德斌 刘 健 尤婷婷

（2020 年 9 月 25 日）

一抹绚丽的朝阳跃上地平线，开启了兰州新区新的一天。

在兰州中川国际机场旁的"临港花海"，金色阳光洒在面积达 65.5 万平方米的紫色花海上，与波光粼粼的人工湖面、正在腾空的客机，共同构成一幅富有诗意的画面。

"简直太美了，我要发到朋友圈。"距离登机还有两个小时，兰州市民徐忻和朋友拿着手机在花海前边欣赏边拍照，将美丽定格在画面上。

"以前我怎么没有注意到，机场旁还有这么漂亮的地方？"她心存疑惑。

其实，一年前，这里还是一片狼藉：临搭乱建、杂草丛生。

为优化生态环境，扮靓省城第一门，2019 年，兰州新区启动机场周边生态修复工程，仅仅几个月后，一个盛开着马鞭草的城市生态新景观便在这里诞生。

"临港花海"只是兰州新区生态环境发生巨大变化的一个注脚。越是深入这片开发的热土，越能感受到浓浓的绿色"底"色。

筑起"绿色巢"，才能引来"金凤凰"

不创造一个绿色宜居的环境，有谁会在这里常住？

兰州新区地处陇西黄土高原的西北部，这里沟壑纵横、梁峁交错，曾是水土流失最严重和生态环境最脆弱的地区之一。

"没有绿色优美的生态环境，再好的招商引资政策也很难吸引投资者的到来。"

兰州新区主要负责同志说。

国家级新区开发建设以来，兰州新区上下久久为功，将改善生态环境作为发展的基石，持续深入开展生态绿化，取得了令人瞩目的成果。

走在贯穿兰州新区核心区的黄河大道上，道路中间及两侧的绿化带绿意融融，几年前栽种的小树苗已长成碗口粗细，枝条迎风摇曳。正值金秋，成行的山楂树上挂满了红彤彤的山楂果，带来收获的信息。

"但凡建成的道路，都同步完成了生态绿化。"兰州新区农林水务局局长张爱明介绍说。

在兰州新区进行城市生态绿化，说起来简单，做起来可真不容易。这一点，张爱明深有体会。

原生土壤都是高度的盐碱地，树木很难成活，必须进行土壤改良；冬季气温低，幼苗极易被冻死、冻伤，需要做好保温措施……

8年的不断探索与尝试，让兰州新区的生态建设者积累了丰富的绿化经验。

"我们制定了相关生态绿化建设技术指导，建立了包括桃树、梨树等上百种植物在内的适地树种库，苗木成活率得以大幅提高。"张爱明说。

实施生态绿化工程，兰州新区追求的不仅是简单地绿起来，而是以"高起点规划、高品位设计、高标准施工"为原则，"一路一景""一湖一景"，在中心城区大力发展园林景观和水系景观集群。

"亭外杨柳日日新，池鸭逆行破余冰；莫谈秦川且萧瑟，已添鹤鸣四五声"。今年春天，在兰州新区工作多年的刘振亚在秦王川国家湿地公园即兴创作了这样一首小诗。

位于兰州新区核心区的秦王川国家湿地公园原本是在长期水文过程中逐渐形成的内陆盐沼地。兰州新区开发建设以前，这里垃圾随处可见，功能严重退化。

为了给城市保留一片难得的"绿肺"，兰州新区对这片区域进行了规划设计，将人工湖泊与湿地水系相连，这里的面貌彻底改观。每年秋冬季节，都有大批的候鸟迁徙路过，记录到的各类动物已经达百余种。

数据显示，截至目前，兰州新区建成区绿化覆盖面积达到了427万平方米，绿化覆盖率35.6%，公园绿化面积391万平方米，人均公园绿地面积15.6平方米，达到了国家园林城市的标准。

建起"绿色墙"，才能守护"金果实"

站在横贯秦王川盆地东西的"引大入秦"工程东一干渠畔，一排排整齐排列的柳树、云杉、刺槐、杨树、樟子松等林木的防护林尽收眼底。

这是一条宽 400 米，长 17600 米，林木达到数百万株的林带。兰州新区开发建设以来，已经在西北区域建成了两条这样的绿色"长城"。

走进距离东一干渠几公里开外的秦川镇石门沟村，经过生态修复，曾经寸草不生的盐碱地上崛起了成片的果树。不远处，就是新建成的总库容达 1354 万立方米的石门沟水库。

"以前，这里风沙大，又缺水，种不活一棵树……"回忆起石门沟村曾经的生态环境，村民感慨万千。

"不仅要让城市区域绿色，更要改善整体区域的生态环境，实现区域绿色发展。"兰州新区主要负责同志表示。

一场更为宏大的国土绿化行动正在这片开发的热土上演。

兰州新区在全省率先推出的黄土山丘生态脆弱区生态修复新模式，将生态绿化扩展至兰州新区全域。

"不仅是简单地挖坑种树，而是对生态功能脆弱的黄土丘壑进行科学合理的修复，解决原本不能蓄水保墒的问题，让雨水渗入土壤，减灾趋利，创新林田湖草发展模式。"张爱明说。

驱车行驶在水秦快速路上，首先映入眼帘的是绿树繁花、遍地秀色……如果用一种颜色来形容这里，那就是绿色。

按照向东向南与兰州市区相向发展的思路，兰州新区立足黄河流域生态保护和高质量发展，将重点生态修复区域全面纳入兰州、白银区域国土空间框架，合理布局、科学划定了生态修复重点区域。

来到位于兰州新区东南部的现代农业公园项目建设现场，曾经连片的荒坡山丘已被夷为平地，取而代之的是一望无际的绿色。

"原来这里的山头都是光秃秃的，是风沙的策源地，水土流失严重。"兰州新区现代农业投资有限公司总经理焦堂国说，通过生态修复，制约生态绿化的结构性因素得到了破除。

持续添绿不仅改善了人们生活的环境，也坚定了人们对这座新城的信心。

"到处都是绿色，明显感觉到雨水多了，环境非常好，以后哪都不去了，就把兰州新区当家了。"从建设之初就来到兰州新区创业的紫金实业集团副总裁汤建国说。

打造"绿色业"，才能迈上"金光道"

绿色带来希望，绿色产生效益。

这几年，在绿起来的兰州新区，现代农业正在蓬勃发展。

万亩特色林果、万亩花卉、万亩中药材、万亩特色农作物……一个个现代农业示范园区、示范基地在兰州新区快速落地。

"基地全面建成后，将具备年生产1亿枝鲜花的能力，让兰州新区成为西北重要的鲜花生产区。"在兰州新区农投集团打造的鲜花生产基地，焦堂国信心十足地说。

信心源于高端的技术。

在这个总面积达36万平方米的智能玻璃温室群构成的鲜花种植基地里，引进了第四代荷兰鲜花栽培技术，光照、湿度、水肥……所有生产要素全部实现了智能化。

"目前已经培育了20多个品种的玫瑰，另外还有非洲菊、蝴蝶兰、长寿花等品种。"焦堂国说，与昆明国际花卉拍卖交易中心合作成立的兰州新区花卉拍卖交易中心西北分中心很快也将投运，预计可实现鲜切花年交易量3.5亿枝，年利润可达1000万元以上，对推动我省乃至西北地区花卉产业发展具有重要作用。

走进兰州新区水培叶菜大棚生产基地，映入眼帘的是生长在水中的上海青、生菜、苦苣等各类叶菜。

"普通大田一年只能种植一到两茬，而水培蔬菜却能一月一茬，生长快、含水量高、口感鲜嫩，是蔬菜培育的新方向。"兰州新区农业科技开发有限公司负责人柴宗越说。

"温湿光养可调控、化肥农药零施用、无毒防控病虫害、优质高产低能耗"，自从水培叶菜基地建成，这里便迎来了络绎不绝的参观者，成为名副其实的示范区。

在兰州新区秦川园区，中天羊业、天欣养殖、天兆猪业、正农科技、宏鑫永泰分别投资的5个现代养殖项目正在段家川种养循环园内加速建设，部分已开始引种投产。

"现有项目建成达产后，可实现年出栏猪110万头、年出栏育肥羊50万只、加工分割肉羊100万只，年产有机肥20万吨，销售收入达到30亿元。"秦川园区部门负责人李彬说。

"现代农业＋现代养殖"，一条集饲草种植、饲料加工、规模养殖、屠宰深加工、有机肥加工、冷链物流和肉食品加工于一体的现代循环农业产业链愈发清晰。

城有所"美" 人有所"享"

——探寻兰州新区逆势崛起之路系列报道之五

新甘肃·甘肃日报记者：王光庆　邱暄美　白德斌　刘　健　尤婷婷
（2020 年 9 月 27 日）

穿行在兰州新区宽阔的道路上，时而喧嚣，时而宁静。不仅能享受到城市的便捷，还能体验到田园般的快乐。

"城市是人民的，要努力让生活在这里的每一个人都能收获到属于自己的那份幸福。"兰州新区主要负责同志说。

随着城市不断快速发展，越来越多的人开始向兰州新区汇聚，为推动这座崭新的城市不断前行增添动力。

在过去的 8 年时间里，兰州新区的建设者以"宜居、宜业、宜游"为方向，不断打造能够让群众生活更美好的新城市，从"零"起步，在一张"白纸"上绘制秀丽的"山水画"。

"速度"之城

开发建设之初的兰州新区，能称得上道路的只有一条省道 201 线。

如今，城市内部已经基本形成"二十横十八纵"的网络交通布局，通车里程超过了 600 公里。

最早的兰州新区没有一条铁路，而现在，到兰州市区的城际铁路和连接包兰、兰新线的朱中、中马铁路已经开通，中卫至兰州新区的高铁也正由北向南加快建设。

"8 年时间，变化实在太大了。"从一开始就来到兰州新区的和盛堂制药公司生产负责人董建斌感慨道。

变化以"肉眼可见"的速度在发生着。曾经的省道201线，也被一条条宽阔的城市道路不断地分割，以至于常听到一些老司机"吐槽"："几天没来，路又不熟悉了。"

"兰州新区是一座新城市，'作画'的起点不仅要高，速度也要快，抓紧完善功能，以最快的速度给市民打造出一个良好的生活环境。"兰州新区主要负责同志说。

从一条路，到路网四通八达，公交线路密布；从没有一座星级宾馆，到三星级以上宾馆数超过了5家，酒店床位达到万余张；从购物只能前往中川镇的主街，到综合商业区迎客，城市综合体开业，住宅小区超市全覆盖……兰州新区的变化翻天覆地。

"查询、扫码，轻松就完成了借阅，真方便。"不久前，馆藏图书达10万余册的兰州新区图书馆全面建成投入试运营，王凯第一时间就来到这里，成为首批借阅者。

从满足市民基本的衣食住行需求，到丰富精神文化生活，公园图书馆的建成，折射出兰州新区丰富城市功能的新趋势。

今年1月，兰州新区首家社区体育健身中心在中川园区落成。这里不仅有悬浮式地板篮球场，还设有室内乒乓球台、户外羽毛球场及健身器材，成为周边运动爱好者的新去处。

在兰州新区，类似的室内运动场馆已有744个，室外运动场馆达到了243个，体育场地总面积已达91.5131万平方米。

除了工作和看书，不忙的时候，王凯还会去电影院或体育馆。"到外面走走也舒服，到处能见着绿地湖泊，生活很充实。"他说。

"民生"之城

兰州新区有没有优质教育资源？孩子能否进入教学质量高的学校？这是满俊花来新区工作之前最担心的问题。

当她第一次走进兰州新区第一初级中学后，一切的担忧便很快烟消云散。

"标准跑道、标准足球场，一流的实验室、音乐室、美术室、计算机室等专业教室一应俱全，即使在兰州市区，也是不敢想象的。"满俊花说。

而让满俊花最为满意的则是这所学校的教师队伍组成。

"有许多名教师，都是从全国各地选拔而来的，还有很多名校免费师范生和骨干教师。"她说。

满俊花在意的，正是兰州新区所看重的。

在兰州新区的决策者看来，教育是衡量一个地区发达程度的重要指标，兰州新区的发展离不开教育。

因此，从 2017 年开始，兰州新区持续加大对基础教育的投入力度，打造了 10 多所现代化、标准高、功能全的中小学和幼儿园。

在教师队伍建设方面，兰州新区更是舍得投入——对"名校长"实行年薪制，并免费提供住房；对其他优秀骨干教师，也同步推出了一系列的优惠待遇。

设施好、教师强，让许多来兰州新区创业的人打消了顾虑。

"2017 年学校建成初期，一共才有 600 多名学生，绝大部分还是从中川中学化转来的，现在已经增长到 1600 多名，30 个教学班几乎全部满员。"兰州新区第一初级中学校长甘金元说。

教育和医疗，事关市民的生活质量和城市吸附能力。打造教育高地的同时，兰州新区还在改善医疗条件上狠下功夫。

2016 年，甘肃省人民医院兰州新区分院一期工程全面开工，标志着兰州新区在改善、提高医疗服务水平方面迈出了全新一步。仅仅三四年时间里，兰州新区公立医疗机构已由原来的 3 家增加至 8 家，床位数从以前的 475 张增加至 1000 张以上，形成了较为完备的三级医疗网络，初步实现"小病不出乡、大病不出区"的目标。

一项调查结果显示，兰州新区群众对卫生健康事业满意度已由以前的不够满意，转变为 90% 以上感到满意。

"和谐"之城

"这些字挂上好得很，娃娃们每天看就记住了，社区这个事做得有意义。"家住兰州新区职教园区文曲湖景园住宅小区一号楼的杨淑仁老人说。

老人口中的"字"，是单元楼下走廊中最近新悬挂的装裱在木框里的书法作品。"孝老敬亲""邻里互助""以和为贵""天道酬勤"……这些倡导人性向善的词汇成为作品的主题。

"全部都是居民自己创作的，既丰富了群众生活，又弘扬传递了中国传统文化，对社区治理工作很有意义。"文曲社区党支部书记李泓序说。

为了打造积极向上的社区文化，加强社区治理，文曲社区在发动群众的基础上，紧密依托职教园区区位优势，与辖区各院校积极开展各种共享互助，将辖区院校所有二级分院党组织全部纳入社区"大党委"成员中，以党建带团建，增进了社区居民的归属感、家园感和认同感。

人是城市的主体，社区是城市社会的基本构成单元。近年来，兰州新区以人民为中心，不断深化改革，增强社区治理。

针对派出机构无法设立街道的实际，兰州新区管委会在学习借鉴外地相关做法的基础上，设立了彩虹城、栖霞、小横路、文曲4个中心社区，创新性地提出4个中心社区带动14个社区的机构管理模式，夯实党在城市的执政基础。

在人员配置上，为18个社区核定了专职工作人员，将党工委、管委会机构进行了优化，把部分干部下沉至社区，充实基层干部力量。

在社区建设中，倡导"互联网+"思想，借助"大数据""云计算"，积极推动社区工作走向现代化，打通服务群众的"最后一公里"。

……

8年，弹指一挥间。兰州新区人居环境得到极大改善，城市品位大幅提升，一座"宜居、宜业、宜游"的活力新城已然呈现在人们面前。

全球"逐"梦　乘风"飞"翔

——探寻兰州新区逆势崛起之路系列报道之六

新甘肃·甘肃日报记者：王光庆　邱暄美　白德斌　刘　健　尤婷婷
（2020年9月28日）

九月，兰州新区中川北站铁路口岸。

一辆辆叉车来回穿梭，各种货物从这里走向世界各地，世界各地的部分商品也从这里进入新区。

从一开始就被赋予"向西开放重要战略平台"的兰州新区，就像一把钥匙，进一步打开了甘肃对外开放的大门。

尽管不靠海、不沿边，但是兰州新区始终相信——开放带来进步，始终迈开大步走向世界、敞开怀抱拥抱世界。

8年来，兰州新区立足于"外向型经济发展的主抓手"和"向西开放战略平台的突破口"，依托区位和通道枢纽优势，紧盯木材加工、粮油加工、中药材加工、地方特色产品加工和跨境电商等重点产业板块，已发展成为全省外向型经济发展的重要引擎、产业集聚区和经济增长极。

今年以来，新区还启动深化自贸试验区机制创新，在更深层次更广领域大胆闯、大胆试、自主改，加快打造新时代改革开放的"新高地"。

扩大口岸，打造开放"新高地"

9月16日，由俄罗斯始发的中欧班列满载210吨木材顺利抵达兰州新区中川北站铁路口岸，经过装卸搬运后，很快被分拨到建材市场。

"平均几天就有一趟中欧木材班列抵达兰州新区中川北站铁路口岸，目前，新区中欧木材班列已实现常态化运营，西北国际木材交易中心也正式投入运营，新的产业集群逐步形成。"新区商投集团总经理王坚民说。

近年来，兰州新区在不断完善基础设施的同时，大力拓展物流贸易平台，实现空、铁、海、公无缝衔接的多式联运物流运输，中亚、中欧、南亚等大宗进口商品在兰州新区集结分拨，带动新区周边物流企业发展及产业集聚。

如今，兰州新区国际班列已实现常态化运营。

"既不靠海也不沿边，要开展大规模进口业务，除了市场需求外，我们的底气还来自'一带一路'的建设成就：多条国际贸易通道被打通，多个贸易口岸成立，多向开放格局已形成。"王坚民说，今后还将继续扩大进口规模。

借助"一带一路"建设，新区得以从"大后方"变身对外开放的前沿，依托地理区位和综合交通枢纽等有利条件，进一步完善对外开放平台、畅通物流通道、加快产业融合、扩大对外开放，不断推动口岸经济持续向好发展。

开发建设国家级新区以来，兰州新区把打造西部陆海新通道作为战略重点，以综合保税区、国际航空港、铁路口岸"三大平台"撑起全方位开放新格局。

截至 2020 年 8 月，兰州新区中川北站物流园共计到发"兰州号"国际班列 278 列，货物吞吐量达 49.96 万吨，涵盖中欧、中亚国际班列、进口冷藏集装箱专列、电解铜专列、木材专列以及棉纱、粮食专列等。

今年以来，尽管受新冠疫情影响，各地都承受了较大的经济下行压力，但数据显示：截至今年 7 月底，兰州新区中川铁路口岸累计完成货物吞吐量 139.79 万吨，同比增长 200.69%；物流业务营收同比增长 117.9%。

针对各地中欧班列"满车去、空车回"的实际情况，兰州新区积极开展进口业务，实现了国际货运班列到达多于外发。中亚的粮油、俄罗斯的木材、德国的机电设备……如今，几乎每隔几天，都会有一趟班列从国外返回。

兰州新区，这座甘肃对外开放的"桥头堡"，正在以更广阔的视野书写新的开放篇章。

产业合作，拓展国际"朋友圈"

虽然入秋后气温开始下降，然而兰州新区的国际交流和产业合作却不断升温。

从开放腹地走向开放前沿，一直以来，兰州新区坚持对外开放战略，不断推动产业、企业、科技、人才、资本与国际市场的交流融合。

去年以来，随着综合保税区、国际航空港、铁路口岸三大对外开放平台功能的日趋完善，新区的国际"朋友圈"不断扩大。

来到兰州新区主要新能源汽车制造企业兰州广通新能源汽车有限公司，这个具备年产 6000 辆新能源客车能力，拥有以"安全性高、低温性能好、循环寿命长、充电速度快"为核心优势的钛酸锂电池技术的企业，已经于去年收购重组了塞尔维亚贝尔格莱德伊卡布斯汽车厂，迈出走向欧洲市场的重要一步。

"通过兰州新区打造的陆港，广通生产的新能源汽车将能够以最快速度把新能源客车、物流车产品打进欧洲市场。"兰州广通新能源汽车有限公司董事长兼总经理杨健说。

在兰州新优联实业有限公司生产车间，机器轰鸣，工人正加紧施工赶订单。

"进口木材加工项目落户兰州新区其中一个重要的因素在于区位优势，通过中欧班列进口木材运输时间短、成本低，可有效降低企业成本。"兰州新优联实业有限公司总经理周岩说。

2019 年 6 月，在阿拉伯联合酋长国迪拜皇家珍珠酒店项目的施工现场，来自兰州新区甘肃华奕门窗幕墙节能科技有限公司的技术工人经过近两个月的施工安装，"新区造"系统门窗成功出口海外，这笔外汇订单创收实现了我省门窗行业出口零的突破，这让企业的发展信心更足了。

"落户新区 4 年来，企业能够飞速发展，和兰州新区实实在在的各项便利政策和服务是分不开的。"甘肃华奕门窗幕墙节能科技有限公司技术总监刘蒙松说。企业 4 年来快速成长，现在已经成为全省唯一的"中国门窗百强"企业，也是甘肃省门窗行业内唯一承接海外大型门窗幕墙工程并出口创汇的企业。

自开发建设以来，兰州新区与哈萨克斯坦、吉尔吉斯斯坦、俄罗斯等 70 多个国家和地区建立了贸易往来，主要开展木材、粮食、棉纱、电解铜等大宗商品进口贸易。目前，兰州新区已建成进口商品批发中心、进口木材加工分拨中心、进口粮食加工中心、进口棉纱集结中心。

不拒众流，方为江海。兰州新区正在以对外开放的主动赢得经济发展的主动，打造发展新优势，开辟发展新境界。

跨境电商，足不出户"全球购"

"大家好，欢迎大家来到兰州新区进口商品批发中心的直播间，今天我为大家带来了多款超值商品……"9月18日，在全国消费促进月甘肃促消费行动暨第三届"畅享兰州·乐购金城"消费月活动兰州万达广场现场，主播孙悦和苏钰婷正在通过抖音直播向粉丝介绍着各类商品。

今年上半年，新区跨境电商企业实现贸易额近3000万元，同比增长超过100%，佐证了新区跨境电商发展驶入"快车道"。

近年来，兰州新区将跨境电商作为推进国际化建设的重要抓手，引导和支持企业开展跨境电子商务业务，跨境电商产业发展增势喜人，为新区外贸增长注入了新动能。

现如今，拿出手机轻轻一点，哈萨克斯坦的骆驼奶粉、俄罗斯的糖果、格鲁吉亚的美酒……在甘肃区域内，既可以享受"不出国门、畅购全球"的便利，还可以近距离感受不同国家、不同民族商品带来的异域风情。

目前，拥有自主知识产权的兰州新区进口商品批发中心跨境电商平台，已成为甘肃最大的跨境电商平台。

兰州新区保税区有关负责人介绍，作为甘肃目前唯一的跨境电子商务监管运营平台，兰州新区充分利用兰州新区综合保税区完备的跨境电商辅助系统、靠近航空口岸、入驻的大型物流配送企业等资源优势，整合"备货＋直购"两种业务模式，集聚了发展效应，在哈萨克斯坦、俄罗斯、白俄罗斯设立3个海外仓，为国内外贸企业及跨境电商企业提供通关物流、入库分拣、营销推广等公共服务。

2018年4月，兰州新区国际互联网专用通道建设，带宽出口达到20G，该通道建设极大地促进了兰州新区重点产业加快发展，为兰州新区打造开放型产业体系、提升主导产业开放度、支持新兴产业发展提供可靠性更高的国际通信保障。

跨境电商发展路上，兰州新区留下了深深的脚印。近年来，兰州新区不断加大对综保区的建设力度，加快做大做强跨境电商综合试验区，紧紧围绕跨境电商网站平台建设、跨境电商产业招商、跨境电商项目等方面，多管齐下，推动跨境电商产业发展渐入佳境。

八年开放，初心不改。今天，兰州新区正青春。

新时代的大门已经推开，一个充满希望的未来正在路上。

甘肃多向发力填补"数字鸿沟"

——让老年人融入智能时代新生活

新甘肃·甘肃日报记者：尤婷婷　刘　成

（2021 年 3 月 11 日）

扫码点餐、在线挂号、网购车票、网约出行……这些对于年轻人司空见惯的生活场景，在很多老年人面前却是一道难以逾越的"数字鸿沟"。

据《中国互联网络发展状况统计报告》，截至 2020 年 3 月，我国 9.04 亿网民中 60 岁及以上老年人占比仅为 6.7%。预计到 2025 年，中国将有约 3 亿 60 岁以上的老年人。

老年人如何跟上这个离开智能手机几乎寸步难行的时代，谁来帮助老年人摆脱互联网"困难户"的窘境，如何让他们更好地融入智能时代新生活，这是摆在社会面前的一道必解题。

今年全国两会，政府工作报告提出，完善传统服务保障措施，为老年人等群体提供更周全更贴心的服务。推进智能化服务要适应老年人需求，并做到不让智能工具给老年人日常生活造成障碍。

记者了解到，今年初我省有关部门已结合省情，制定出台相关工作方案，积极推动解决老年人运用智能技术的困难；老年大学、街道社区、交通医疗等部门，或开展培训，或提供协助，以实际行动帮助老年人跨越"鸿沟"，融入智能时代。

老年大学　助老先行

网购、扫码付款、出示健康码，年轻人能轻而易举完成，老年人却深感力不从心。针对这一现象，兰州市老年大学于 2020 年秋季学期起开设了智能手机培训班，聘请专人进行专题培训，帮助老年人学习解决智能手机使用中常见的问题。

兰州老年大学校长李艳说，目前兰州老年大学的报名、缴费等工作已全部实现信息化管理，但有不少老年人由于不会使用手机、电脑等智能设备，加之子女不在身边，无法通过报名系统报名，因而错失了入学机会。为此，老年大学开设了智能手机培训班，帮助他们跨越"数字鸿沟"。"开课的消息刚一传出去，上课的名额就被一抢而空。"李艳说。

如何扫码支付、如何申领出行健康码、手机卡顿如何清理……这些都是老年大学智能手机培训班主讲教师廖智明向老年人讲授的内容。

"老年人学得慢，忘得快。"廖智明发现这一情况后，每节课都会拿出一半时间复习之前讲过的内容，并手把手地指导学员对移动支付、扫码乘车和申领健康码等"出镜率"高的应用场景进行反复模拟练习。他还鼓励学员互学互助加强交流，多管齐下提升学习质量。

智能手机培训班不仅指导学员们如何使用智能手机，还帮助老年人学会识别和规避各类诈骗陷阱，远离非法集资等风险行为，提高学员防骗意识，保护他们的合法权益和财产安全。

"自从学会了手机上网和玩微信，能随时联系老朋友，分享生活中的精彩，还能足不出户了解天下大事，生活更方便了，快乐也更多了。"老年大学学员张龙生兴奋地告诉记者。

医食住行　利老便民

现在，越来越多的医疗机构开始使用智能手机预约挂号，就诊流程也日趋信息化、智能化，这让去医院看病的老年人常常无所适从。

记者在兰州大学第一医院门诊大楼看到，导医台和各科诊室处均贴有醒目的"老年人就诊优先"等导引牌，为就诊的老年人提供咨询和预约服务。自助挂号、缴费、检验报告（胶片）打印等智能设备处均有引导人员巡回值守，为有需要的老年人提供帮助。

兰州大学第一医院副院长白明告诉记者，医院在做好常态化疫情防控的同时，在预检分诊环节增设老年人"绿色通道"，测量体温后，由工作人员帮助老年人进行健康码或核酸检测结果查询操作。如遇老年人没有智能手机或不会使用智能手机，工作人员可查询老年患者有效身份证件后放行，确保老年人能够顺利就医。同时，医院还为老年人保留了一定比例的现场号源。

一位缴完费的老年患者告诉记者，自己不会扫码付款，子女也不在身边，就诊前担心不能现金支付，但医院人工服务窗口保留了现金收费业务，这让他觉得既方便，又暖心。

不仅是医疗机构，交通运输部门、菜市场等也保留或推行适当举措，在移动互联网方式之外，为老年人提供了可供选择的方案。

在兰州市榆中街标准化菜市场，记者看到，这里的商户普遍使用二维码收款，但也不排斥现金交易，老年人买菜依旧方便如初。

按照老年旅客的出行特点，兰州西客站售票窗口增设了人工现金服务。同时，积极联系机场、轨道交通部门，在机场枢纽与机场地面服务部开通重点旅客对接助行服务，推出"铁路＋民航＋地铁＋公交＋出租车"的不间断服务模式，安排专人对接。

家社联动　老有所乐

《猪奶奶的微信书》一套八册，未完待续……如此新潮的"名头"和"巨著"，很难想象出自一位年近九旬的老人之手。今年88岁的张长兰是退休很多年的哲学教授，她不仅是大家眼中的"老顽童"，还是互联网时代的"弄潮儿"，这部微信书，就反映了她拥抱和享受智能时代的心路历程。

"第一次对智能手机产生兴趣，是我80岁生日那天。"张长兰说，当时女儿送了自己一部手机作为生日礼物，平时看到年轻人玩手机很开心，好奇心让她决定一探究竟，从此便一发不可收拾。

"虽然当了一辈子教师，但在使用手机方面，女儿和小孙女却是我的导师。"张长兰笑着说，在家人的帮助下，从基础操作到贺卡制作，再到视频剪辑，自己使用智能手机的水平突飞猛进，甚至超过了有些年轻人。

张长兰的女儿告诉记者，母亲学会使用微信后，就联合老同事们组建了"创乐群"，在群里聊天猜成语。后来参与人数不断增加，母亲又组建了"乐拍群"，和7

位爱好摄影的朋友不定时出门采风，然后把图文并茂的作品分享到朋友圈，这既增进了朋友间的感情，也丰富了他们的文化生活。

对于子女长时间不在身边的老人而言，社区无异于另一个"家庭"。酒泉路街道党群服务中心友邻空间为老年人免费开设智能手机学习班，从美化照片、制作相册，到网上订票、订酒店、发短视频，再到网上购物，基本覆盖了他们日常生活常见的应用场景。在这里学习的王阿姨直言，社工们比自家孩子还要有耐心。

每学期一开学，西北师范大学阳光服务社就招募 30 名左右学生志愿者，根据他们的空课表安排好值班表，在老年活动中心开设小课堂，帮助老年人学习使用智能手机。

师大社区的赵爷爷说："我年龄大，容易忘，志愿者们就一遍又一遍地教，直到我学会为止。"

多方合力 跨越"鸿沟"

今年全国两会上，如何帮助老年人跨越"数字鸿沟"成为代表委员聚焦的热点。大家认为，全社会应该行动起来，为老年人提供更周全、更直接的便利化服务，引导帮助老年人越过"数字鸿沟"，融入现代生活。

为帮助老年人更好适应移动互联网时代的生活，甘肃多部门联合出台《甘肃省提供便利化服务切实解决老年人运用智能技术困难工作方案》，要求各地各部门和全社会通力合作，共同努力，有效解决老年人在运用智能技术方面遇到的困难，让广大老年人更好地适应并融入智慧社会。

《方案》明确，到 2021 年 2 月底前，出台实施一批解决老年人运用智能技术最迫切问题的有效措施，切实满足老年人基本生活需要；到 2021 年年底前，围绕老年人出行、就医、消费、文娱、办事等高频事项和服务场景，推动老年人享受智能化服务更加普遍，传统服务方式更加完善；到 2022 年年底前，使老年人享受智能化服务水平显著提升、便捷性不断提高，线上线下服务更加高效协同，基本建立起解决老年人跨越"数字鸿沟"问题的长效机制。

2021 年初，省商务厅下发通知，要求零售、餐饮、商场等老年人日常消费场所保留面对面人工服务，支持现金和银行卡支付。另一方面，引导上述场所提供简便易行、符合老年人特点的智能服务方式，便利老年人消费。截至2月底，我省已建成获商务部认定的城乡便民服务中心9个，为老年人提供用餐、购物、养老等多项服务。

省卫生健康委下发通知，要求各医疗机构根据实际情况设立老年人"绿色通道"，提供多渠道挂号和便利就医服务，坚持传统服务方式与智能化服务创新并行，为老年人提供更周全、更贴心、更直接的便利化服务。

让老年人跨越"数字鸿沟"，享受数字生活带来的丰富多彩和快捷便利，需要各方协同、多向发力，共同打通老年人拥抱智能生活的"最后一公里"。

兰州落实"手机禁令",还校园安宁和纯净

——让学生不再成为"手机控"

新甘肃·甘肃日报记者:尤婷婷
(2021 年 3 月 25 日)

　　智能手机的普及,让生活变得更便利、更美好。但是,兰州大街小巷时常可见的一道用手机的"风景",却令人有些忧虑:走路看、乘车看,甚至在校园里偷偷看……长时间手机不离手的学生"低头族",被社会关切、令老师头疼、让家长焦虑——带手机进校园,上课容易开小差,学习效率差;长时间沉迷玩手机,还会影响身心健康发展。

　　有数据显示,我国小学生使用手机的占比已经高达 64.2%,初中生为 71.3%,高中生为 86.9%,尤以城市中小学生为甚。如何让这些未成年的"低头族",既能享受"数字时代"便利,又不做"手机控",保持身心健康,这已成为必须要面对和解决的问题。

　　为促进学生身心健康发展,让学生在学校专心学习,教育部办公厅印发《关于加强中小学生手机管理工作的通知》,要求各地和学校要宣传中小学生过度使用手机的危害性和加强管理的必要性,确保手机有限带入校园、禁止带入课堂。家长要加强对孩子使用手机的督促管理,引导孩子科学理性对待并合理使用手机。

　　我省也发出相关《通知》,对中小学生使用手机管理的相关问题提出要求。兰州市相关部门制定具体措施,严格管控手机使用,还校园安静读书氛围。记者走访了解到,目前兰州市各学校纷纷推出管理办法,落实相关要求。同时,推行手机"有限带入校园、禁止带入课堂",也衍生出一些现实困难和问题,尚需家校多方协作合力解决。

落实"禁令"，需要家校同心协力

"打游戏、看电子小说、QQ 聊天、刷短视频是中学生使用手机的四大用途。"这是兰州市第二中学校长李向荣做过的一项调查。

调查中发现，仅有极少数学生使用手机查阅学习资料。目前市场上电子产品种类繁多，功能五花八门。为此，兰州市第二中学从细从严管理学生的手机和电子产品，通过家长会、班会、讲座、张贴海报等多种形式广泛告知家长和学生，明确禁止学生带手机进入课堂。学校、家长、学生三方签订不携带手机进课堂的承诺书，对学生违反承诺的行为，学校会对学生进行谈心谈话、批评教育。与此同时，学校还经常组织开展校园文化、体育、艺术等各类活动，丰富学生的课余文化生活。

"初中阶段正是学生集中精力、努力学习的黄金时期，因此要避免学生因沉迷手机影响自身的健康成长。"北京八中兰州分校学生处主任赵伟宏告诉记者，学校制定了科学、合理的学生校园手机使用管理办法，学校还将学生校园手机使用情况纳入学生综合素质评价体系，规范学生手机使用行为，促进学生健康快乐成长。

"学校明确规定不允许学生带手机、电话手表等通信设备进入校园。"平凉路小学教导主任马学明告诉记者，少先队大队部经常通过国旗下讲话、主题班会等方式引导学生合理使用手机和电子产品。学校制定合理的家校沟通方式，排除学生在校及上学放学的安全隐患，并要求家长监督孩子在家使用手机的情况，防止孩子沉迷手机。

记者在采访中了解到，兰州市许多中学在每个班配备了手机收纳袋和收纳盒，由班主任或班主任选派专人统一管理，非上课时间才可使用。

省教育厅的《通知》还专门提出规范作业布置。省教育厅基础教育一处处长党勤告诉记者，要求教师应通过课堂板书方式给学生当面布置作业，不得用手机布置作业，不得要求学生利用手机完成作业。这种板书布置作业的方式，老师可以控制作业量，学生不用盯着手机查看作业，学生记录作业也是一个学习的过程。

方便联系，解决家长后顾之忧

记者在采访中了解到，绝大多数家长非常支持教育部加强中小学生手机管理工作的最新规定，认为严格控制学生使用手机这个出发点是对的。

但也有家长表示，平时上班比较忙，没有时间接送孩子，让孩子带手机是为了方便联络，随时掌握孩子的去向。带上手机，孩子需要买东西的时候也方便些。

"家长使用手机、不要求学生直接使用手机就没问题。老师有时会在微信群发通知或者布置作业，请家长监督孩子完成。"家长李先生认为，这种方式比较方便，是加强家校互动的一种方式。

有同学坦言，会带手机到学校给同学们秀一下新款手机和新功能，有时甚至在课堂上偷偷玩手机。"老师没发现，我们自控能力差，有时候会忍不住玩手机。"

不少学生反映，观看安全教育视频，经常会用父母的手机完成。也有同学表示，平时有的老师会布置一些朗读作业，需要用手机完成。

学生不得将个人手机带入学校，遇到紧急情况如何联系家长？

针对这一问题，《通知》明确要求，应通过设立校内公共电话、建立班主任沟通热线、探索使用具备通话功能的电子学生证或提供其他家长便捷联系学生的途径等措施，解决学生与家长通话需求。

采访中，多名学生表示，在校期间，有急事需跟家长联系时，可以使用班主任、任课教师的手机或办公电话进行联系。

合理管控，发挥手机积极作用

老师们普遍反映，课堂上坐不住、爱走神儿、静不下心来看书的孩子，80%都有爱玩手机的习惯。

"随着互联网的发展，手机已经成为生活中不可缺少的工具。"西北师范大学教育学院副教授王飞说，移动终端的在线教育是对线下教育的补充，为此学校在管理学生手机的问题上要与时俱进，合理管控，有效促进学生正确使用手机，发挥手机在学习上的积极作用。家长应加强对孩子使用手机的督促管理，形成家校协同育人合力。作为家长不能简单粗暴干预，"一刀切"，要以身作则，做好示范，正确引导学生使用手机。

　　在信息化时代，手机等移动互联网终端成为学生了解社会、认识世界的主要渠道和工具。数字化时代，学会正确使用手机也是当下教育的一部分。学校和家长在指导学生正确使用手机时，要教育引导学生提高对网络传播错误信息、虚假信息的辨别能力，分清网络世界与现实世界的区别，树立正确的世界观、人生观、价值观。

打造"小游园" 城市更宜居

新甘肃·甘肃日报记者：尤婷婷 刘 成 顾丽娟
（2021 年 4 月 19 日）

深春时节，漫步在兰州街头，一处处小游园里花团锦簇，绿树成荫，赏心悦目的景致为这座城市增添了不少亮色。市民休闲、运动或观景其间，人与自然构成一幅幅和谐美好的画面。

近年来，兰州市以打造"精致兰州"为导向，因地制宜精准建"绿"，结合实际见缝插"绿"，科学完善城市绿化总体布局，大力提高公园绿地服务半径覆盖率，巩固提升城市园林绿化景观水平，为市民提供了一批以小游园为代表的特色绿色生态产品。随着绿地面积不断增加，小游园等家门口的公园越来越多，市民生态获得感持续提升，城市生活环境愈加优美宜居。

推窗见绿 公园建到居民家门口

春风和煦，兰州市西固区临洮路西段临洮街的小游园里树木挺拔，鲜花盛开。凉亭中、步道上，市民们或漫步，或赏花闲谈，一派悠闲恬静的景象。

家住在小游园旁的王民喜正在用自己特制的毛笔练习书法。"之前做梦也没想到，家门口会建得这么漂亮。"他高兴地说。

提起临洮街小游园建成前的模样，王民喜感触颇多。"晴天一身土，雨天两脚泥。"他说，过去这里是一大块裸露土地，上面堆满了建筑垃圾和生活垃圾。

2018 年初，为改善城市容貌和周边居民生活环境，临洮街小游园建设提上日程。以前脏乱差的这块城市边角地终于派上了用场。当年年底，占地 7791.34 平方米，绿化面积 5526.99 平方米，绿地覆盖率 70.93% 的临洮街小游园建成开园，周边居民头一回感受到了"抬头见绿树，出门闻花香"。

西固区绿化所工作人员邓蕊告诉记者，临洮街小游园整体设计按照"乔、灌、草"相结合的景观模式，共栽植各类苗木 2.7 万余株、草坪 3674.9 平方米，同时安装休闲座椅、庭院灯、草坪灯等小型景观，使这里变成了一个集"光、色、香"为一体的城市街边小游园。

市民张女士的家在与小游园一墙之隔的小区里。"以前，窗外总是尘土飞扬，一到夏天，垃圾变质的气味很难闻，根本不敢开窗。"她说，现在一开窗就能看见公园，空气清新，风景宜人，心情舒畅了，生活更加舒心了。

在七里河区龚家湾小游园，乔木、灌木、树丛构成一道美景；休闲座椅、廊架小亭、人行步道拉近了人与自然的距离。曾经的旧围墙、荒芜坡地、老旧建筑不见踪迹，已华丽变身为人景和谐的美丽小游园。

七里河区园林绿化所督查办主任李晓亮介绍，龚家湾小游园建于 2017 年，园内栽植雪松、云杉等各类乔木 764 株，海棠、榆叶梅等各类小乔木 227 株，女贞、黄杨等各类小灌木 10 万株，铺植草坪 6500 平方米。还配套建设了景观廊架、凉亭、活动场地等，并投放了座椅、健身器材等设施，现在这片小游园已经成了附近居民休闲、运动、赏景的好地方。

多元开发 "边角地"变身小游园

在小游园规划和建设上，兰州市采取新建为主、改建为辅的方针，扩大城市绿量，提升游园品质，打造"四季各异、绚丽多彩、乔灌花草搭配、高低错落有致"的"立体园林"精品项目，努力让市民"300 米见绿、500 米见园"。

在小游园建设选址上，兰州市注重对城市边角地块进行开发再利用。临洮街小游园建成前是一块标准的城市建设"边角地"，通过科学规划、栽植绿植、整修路面、夜景亮化、配套休闲设施等方式见缝插"绿"，既美化了市容环境，又增添了附近居民的幸福感。

七里河区工业厂区较多，小区内的小游园整体设计突出工业文化遗址体验的理念，将场地内原工业厂房作为设计元素，以多功能多元化布局为承载，力求将兰州市工业历史文化记忆融入市民的日常生活休憩场景中。

中车·拾光公园是兰州首个利用部分老厂区原址建设的公益性社区公园。公园前身为中车兰州机车厂柴油机分厂厂区，2019 年 6 月开建，2020 年 5 月正式向市民开放。"以前这里就是老旧厂房，自从改造成了小游园，出门就有了好去处。"65 岁的刘阿姨就住在附近，每天都会带着孙子在这个家门口的小游园里游玩。

七里河区园林绿化所工作人员周晓萍告诉记者，公园整体分为南北两区，占地 2.65 公顷，公园内绿地面积达 1.90 公顷，绿地率 71.7%，乔木总量达 646 株。在建设过程中，还将原址开发建设的老厂区内雪松、榆树、刺槐等 30 年以上乔木共计 55 株全部保护迁移至公园内。

公园里建有儿童游乐空间、室外篮球场、羽毛球场、活力跑道等，并配建了近 1000 平方米配套建筑。以后还将作为七里河区共享图书馆，集阅读、休闲等功能于一体，倡导健康、文明生活方式，丰富市民精神文化生活。

"我们广泛发动社会各界参与小游园建设，积极动员市民群众投身城市园林绿化建设、管护等工作，大力营造全民参与建设、人人共享成果的工作格局，不断补齐城市绿色基础设施方面的短板。"兰州市林业局园林绿化科工作人员张萍说。

提值增颜　让"精致兰州"更宜居

近年来，兰州市依托打造"精致兰州"，新、改、扩建小游园、小广场和小绿地 87 处，新增改造城市公共绿地 577.97 公顷。截至 2020 年末，城市绿地总面积达 7911.69 公顷，公园绿地面积达 2714.65 公顷；现有面积 5000 平方米以上的游园、绿地共 129 处，综合性公园 15 个，为市民提供了更多休憩活动的场所。

兰州市相关部门始终把"小"游园当成"大"工程来实施，每个小游园的规划建设方案都经过反复推敲、认真修改、仔细斟酌，精细施工，通过精致设计、精心建设、精细管理、精准服务，助推"精致兰州"建设。

城市让生活更美好，小游园让城市更精致。兰州市坚持以满足人民群众对优美生态环境的需要为出发点，努力建设更多小游园，为居民创造更舒心的生产生活环境。今年兰州市将新建改建 20 个城市小游园列入为民兴办实事项目，将继续打造一批符合城市发展和群众需求的小游园，积极提升群众幸福指数和城市"颜值"，让环境更舒适、更美好，让兰州更精致、更宜居。

兰州：让学前教育更加普惠优质

新甘肃·甘肃日报记者：尤婷婷

（2021年6月3日）

今年5月20日至6月20日，是第十个全国学前教育宣传月，主题为"砥砺十年，奠基未来"。学前教育事关每个家庭，让孩子进入一所普惠、优质的幼儿园，是众多幼儿家长的期盼。

随着城市化进程加快，生育政策变化、落户条件放开，预计未来三年兰州市适龄幼儿将增加4万多名，学前教育资源不足和分布不均等问题也日益突出。针对这些情况，兰州市采取了哪些措施解决适龄儿童入园问题？近日，记者就此进行了专题采访。

多元化办园格局逐步形成

兰州市安宁区幼儿园目前已在安宁区办了两个分园，每个园区都各具特色。在园长王虹的带领下参观教室时，记者注意到，每个班都有着不同的主题：小班以昆虫和植物为主题，中班以中国的传统节日为主题，大班以"我心目中的小学"为主题。幼儿园通过开展丰富的社会实践活动，从日常的学习生活入手，立足当下，着眼未来，让孩子在活动中贴近生活和实际，不断探索求知。

七里河区培根幼儿园负责人刘静说，创办于2015年的幼儿园开办初期只有40多名幼儿。随着幼儿园的持续发展，培根幼儿园逐步得到了周边群众的认可，并于2018年被纳入普惠性民办幼儿园，目前在园幼儿已达到426名。

兰州市教育局有关负责人告诉记者，近年来，兰州市逐步形成了政府主导、社会参与、公民办并举的办园格局。全市新增了一批公办园，小区配套幼儿园回收

57 所，城区改扩建园所 50 个，鼓励扶持了一批社会力量举办普惠性民办园。同时，优化提升了一批优质幼儿园，共建成省级示范、省级一类、市级标准幼儿园 200 所，实现了 85 个城区优质园与农村薄弱园的结对帮扶。

截至今年 2 月，全市共有各级各类学前教育机构 1041 所，其中公办园 122 所，公办性质园 47 所，小学附设幼儿班 228 个，民办园 644 所（其中普惠性民办园 535 所，非普惠园 109 所）。学前三年毛入园率为 96.04%，在园幼儿总计 123307 人，其中，公办在园幼儿 64708 人，占比 52.48%，普惠性民办园在园幼儿 51545 人。普惠性幼儿园覆盖率 94.28%，已超额完成国家要求。

公办园体量不大等问题依旧存在

"不能让孩子输在起跑线上"，是许多幼儿家长的观念。不少家长坦言，由于公立幼儿园数量少，还有户籍和房产等方面的限制，想进公立园并不容易。

《兰州市人大常委会关于兰州市学前教育发展情况调研报告》显示，近几年，兰州市新建公办幼儿园主要集中在农村，实现了乡镇、较大行政村全覆盖。城区内由于历史原因、教育用地不足、人口迁移等因素，公办园体量不大，这是入公办园难的症结所在。

兰州市教育局有关负责人告诉记者，扩充公办资源是破解入园难最有效的途径，利用布局结构调整后的中小学、旧园改扩建、腾退搬迁的空置厂房、其他富余公共资源等，以租赁、购买等多种方式，进一步扩大公办学前教育资源。鼓励支持街道、企事业单位、高校、部队等举办公办性质园。特别要将城镇小区配套幼儿园移交举办为公办园作为最大杠杆，大面积扩充公办资源。"十四五"期间，兰州市计划创建 100 所标准化幼儿园。

"幼儿教师要特别有耐心和爱心，不仅要料理幼儿生活，还要对幼儿进行教育，付出的辛苦不比中小学教师少。"西固区智慧树幼儿园负责人李娜告诉记者，该园自 2003 年创办至今，从民办园发展到普惠性民办园得到了政府的大力支持。由于没有编制，幼儿园老师流动性大，在一定程度上制约了幼儿园品质持续提升。

近年来，兰州市幼儿园教师数量不断增加，但实际供给不足，供需之间的缺口较大，班级教师配备不足导致教师承担着超额的教学、保育任务。部分民办园教师的学历层次和专业化程度普遍偏低，非学前教育专业的教师仍占一定比例。

针对幼教队伍建设问题，兰州市人大常委会调研组建议，采取政府购买服务、统一招聘、补充幼儿教师，解决教师编制不足问题，足额配齐幼儿教师；认真落实公办园教师工资待遇保障政策，确保教师工资及时足额发放；民办园参照公办园教师工资收入水平，合理确定工资收入并依法依规足额足项为教职工缴纳"五险一金"。

促进学前教育更加普惠优质

学前教育是重要的社会公益事业。

兰州市教育局有关负责人告诉记者，综合考虑城市规划布局、人口发展趋势、乡村振兴战略、城镇化发展趋势等因素，兰州市将幼儿园建设纳入城乡公共管理和公共服务设施统一规划，列入土地"招拍挂"（招标、拍卖、挂牌出让）建设项目成本，扩充公办学前教育资源，扶持民办幼儿园提供普惠性服务，规范营利性民办幼儿园发展，满足家长不同选择需求。兰州市全面落实学前教育惠民政策，按照省级统一安排部署，对全市公办幼儿园和普惠性民办幼儿园中具有甘肃户籍的在园幼儿，按每人每年 1000 元标准免除保教费。

按照学前教育"以县为主"的管理机制，兰州市各级政府设立专项资金，主要用于公办园建设、普惠性民办园奖补，外聘人员经费包干、教师培训等。实行政府投入、社会举办者投入和幼儿家庭合理分担成本的投入机制，确保公办园正常运转和普惠性民办园稳定发展。

谈及普惠性民办园专项奖补资金，兰州市城关区锦华东湖幼儿园负责人刘冬很高兴。她告诉记者，之前的专项奖补资金只能用于更换教具和桌椅板凳。教育主管部门在充分吸纳大家的建议后，从去年起，明确专项奖补资金可用于支付房租，大大降低了幼儿园的办学成本。

与此同时，兰州市认真落实《3—6 岁儿童学习与发展指南》《幼儿园教育指导纲要》，开发园本化课程体系。严格落实教育部《关于大力推进幼儿园与小学科学衔接的指导意见》，推进幼儿园与小学有效衔接。开展幼儿园"小学化"治理，要求幼儿园不得设置学前班，各级各类教育机构、社会培训机构不得以学前班、幼小衔接等名义提前教授小学课程。

　　甘肃省幼教专家、兰州市实验幼儿园园长刘志告诉记者，学前教育应当始终怀着一份自然、宽厚的情怀，倾听儿童心底的声音，致力于培养出善表达、乐探究、爱生活的"真我"儿童。家长们不必过于焦虑，要学会陪伴孩子自由、自信、饱满地成长。

致敬生命"最后的馈赠"

——记高台县"让爱永续"器官捐献者群体

新甘肃·甘肃日报记者：李永萍

（2023 年 5 月 17 日）

生命的长度是有限的，而宽度是无限的，如何能让生命承载的意义更宽广？

有这样一群人，他们突破传统观念的枷锁，以馈赠生命礼物的方式，去挽救他人生命。这些平凡而普通的人，用特别的方式为自己的人生谢幕，在人生的终点，用自己的器官挽救素昧平生的患者。他们用实际行动，拓宽了生命的意义。

他们就是人体器官捐献者，他们用无私的捐献，连接起逝去与新生，传递着爱和希望。

"我想在生命的最后一刻做一件有意义的事"

25 岁，正是风华正茂的年龄。然而，高台县小伙夏宝云的生命却永远定格在了 25 岁。

根据夏宝云的生前意愿，家人强忍悲痛将他的器官进行捐献。

这是一份来自逝者生命尽头最后的馈赠，也是一场对生命的致敬与接力。

"听话、懂事、能干、乐于助人……"这是夏宝云的人生标签。

"我的孩子很善良，虽然他已经走了近十年，但每次想起他，都会很心痛。"回忆起儿子的点点滴滴，夏宝云的母亲潘金玲止不住的泪水划过脸颊。

夏宝云出生于 1988 年，生前系高台县新坝镇照二村村民。因家庭生活拮据，为了减轻家庭负担，2003 年初中毕业后的他，放弃了上高中的机会，去新疆喀什的一家汽车维修公司打工，学得了一手过硬的汽车维修技术。因技术娴熟、助人为乐、团结同事，他当上了维修队长，并把弟弟也带到了喀什。

2011年，母亲生病需要做手术，夏宝云便从新疆赶来照顾母亲。手术后，夏宝云先后陪母亲在兰州和武威市肿瘤医院进行了多次化疗。在此期间，他还经常帮助照顾医院的孤寡老人。

"爸、妈，我打算明年和弟弟在新疆包车间、开修车房，到时候把你们都接过去，你们就不用那么辛苦了！"正当夏宝云和全家憧憬着美好的未来时，厄运又一次降临于这个家庭。

2012年初，夏宝云患上了严重的脑胶质瘤，先后在乌鲁木齐、武威、北京等地进行治疗，但因瘤体所处位置神经较为集中，无法摘除，只能保守治疗。

在家疗养期间，夏宝云的身体每况愈下。有一天，他对母亲说："妈妈，我的病治不好了，等我走的时候，把我的器官捐了吧！人死了也就没了，我想在生命的最后一刻做一件有意义的事。"

"听到儿子说这些话的那一刻，我的心都碎了。"潘金玲含泪回忆。

"不说这些了，儿子，咱好好看病，妈妈希望你坚强地活下来，你一定会好起来的……"母亲安慰着夏宝云。

虽然不愿提及这个悲痛的话题，但为了尊重儿子的意愿，夏宝云的母亲还是将家人和亲戚召集到一起，说出了儿子的想法。然而，大家都认为这有悖于传统观念，不同意夏宝云进行器官捐献。

2013年9月，夏宝云病情突然恶化，整个人处于昏迷状态。11月10日，已经20天没有进食的夏宝云突然清醒，开始轻声呼唤"妈妈"，母亲听到后急忙来到夏宝云跟前。

"妈妈，我有话要跟你说。"夏宝云轻轻拉住母亲的手，再次提出了捐献器官的想法，并叮嘱母亲一定不要忘了这件事。"我用不了自己的器官，那就把它捐给有需要的人，这样，我就算不在了，也还活在这个世界上。"说罢，母子俩紧紧相拥，大哭了一场。

"妈妈，你一定要同意啊，只有你同意了，大家才会同意！与其把遗体拿去火化，埋进土里，还不如捐献出来，还能帮助到更多的人，你要理解我的心愿，支持我！"夏宝云一再哀求母亲。

尽管一时无法接受这样残酷的现实，但为了满足儿子的心愿，母亲和家人还是忍痛与高台县红十字会和甘肃省红十字会联系捐献器官事宜。

2013年12月3日，是夏宝云住进兰大一院东岗院区治疗的第22天，他的身体出现异常……

下午5时许，甘肃省红十字会的工作人员到达医院，与他的家人就器官捐献事宜进行了沟通。弟弟夏亮云表示尊重哥哥生前捐献器官挽救他人生命的愿望，并在《捐献登记表》上郑重地签了字。最终夏宝云捐赠的肝脏、双肾脏和2个眼角膜，使3名危重患者重获生命的希望、2名患者重见光明。

夏宝云成为高台县第一例人体器官捐献者，他的大爱义举在人们心中悄悄埋下了种子。

夏宝云的大伯索国忠被他的举动深深震撼，一直说器官捐献是一件传递大爱的好事。后来，得知自己身患胃癌时，索国忠便嘱咐家人身后一定要将他的角膜和遗体也捐献出去，用来救治有需要的人、开展医学研究。

2020年5月28日，索国忠病情恶化，生命垂危之际，亲属尊重他的意愿，将他的眼角膜和遗体都无偿捐献了出去，兰州大学遗体捐献接收站工作人员接受了索国忠的遗体捐献，完成了他最后的心愿。索国忠也成为肃南县的首例遗体、角膜捐献者。

"有人替我儿子好好活着"

"那段时间，儿子总是头晕、想吐，起初还以为是感冒了。"在高台县的一个农家小院里，郑文勋的母亲赵玉玲翻阅着儿子的照片喃喃回忆道："没想到从那时候开始，我们已经留不住他了……"

1991年，郑文勋出生于高台县黑泉镇新开村的一个普通农民家庭，生活环境造就了他朴实善良的性格。

走进郑文勋家，虽然房屋简陋，屋内却收拾得干净整齐。从父母口中得知，郑文勋是家里的小儿子，从小就刻苦学习、乐于助人，曾多次被学校评为三好学生，还经常参加无偿献血等志愿服务活动。

"他爱做好事，大学期间常去献血、参加各种志愿活动，荣誉证书攒了一摞子，还把证书都藏起来，不让我们知道。"郑文勋的父亲郑红英说，儿子性格内向，不善言辞，总是默默地做自己想做的事。

大学毕业后，郑文勋进入江苏一家企业工作。

"孩子说想在外打拼多挣点钱，孝顺我和他爸。"母亲赵玉玲回忆起儿子，满满的都是心疼。

然而，一场突发的疾病却打破了这个家庭的平静。2016年10月，郑文勋突然感到头晕、恶心，最初以为是感冒症状，后来症状一直持续，还引发头痛，在南京当地的医院就医时被确诊为脑胶质瘤。

半年多的时间里，郑文勋的哥哥放弃了在北京的工作，一家人东凑西借筹集医疗费，辗转奔走于兰州、北京、南京等地的多家医院，但遗憾的是，郑文勋的病情始终不见好转。

知道自己生命即将终止，郑文勋做出了一个让家人意外的决定——捐献全身器官，挽救他人生命。

"其实孩子早有打算，怕我们担心，当时没说出这个想法。"母亲赵玉玲告诉记者。

捐献出儿子的器官，对父母来说是艰难的选择。

"当时不愿意接受事实，也不支持他的决定。没啥，就是舍不得啊……"回忆起当时的情景，父亲郑红英几度哽咽。

但渐渐地，他们被儿子坚定的态度和真诚的话语打动，大儿子也支持弟弟的决定，在郑文勋哥哥的劝说下，最终，深明大义的父母选择尊重和理解孩子捐献器官的意愿。

2017年4月6日，郑文勋的病情突然加重，弥留之际，他再次嘱托家人帮他实现捐献器官的愿望。家人含泪陪他去高台县红十字会做了相关登记。"当时他的意识已经不太清醒了，我们和他一起完成了他最后的心愿。"谈到伤心处，赵玉玲泣不成声。

2017年4月9日，郑文勋平静离世，年轻的生命永远停留在了26岁。他捐献的肾、肝、2个眼角膜，让多位与他素不相识的患者获得了第二次生命和光明的希望。

"以前不太了解器官捐献，在这之前，听说高台县有人捐献器官的消息，觉得是一件非常高尚的事。"赵玉玲含泪说，能救别人，儿子的心愿就完成了，现在总感觉其实儿子并未走远，只是换了一种方式活着……

"现在想想，支持儿子的做法是对的，我们不后悔。""捐出去还能救活几个人，也完成了娃的心愿，我们经历了失去亲人的痛苦，就让别人家少些痛苦吧。"翻阅着儿子的照片和遗物，郑文勋的父母语气平静地说道。

清明时节，郑文勋的父母会去甘肃省遗体器官捐献者纪念碑前看望儿子。"在那里，看到很多人在现场缅怀纪念我们的儿子和其他捐献者时，心里突然踏实了，等我们老了，去不动了，会有人替我们去看他……"赵玉玲动容地说。

现在，郑文勋的父母也会时常通过电视和手机关注器官捐献的相关新闻。对他们而言，受捐者替自己的儿子好好活在这个世界上，就是最大的慰藉。

"希望儿子能以这样的方式挽救更多的家庭"

"我们的家庭已经支离破碎了，希望我的儿子能以这样的方式挽救更多的家庭……"一句简单的话语，道出了刘杰母亲的辛酸与大爱。

帅气的外表，灿烂的笑脸，入伍时佩戴大红花敬礼……刘杰的母亲何玉琴一遍遍翻阅着手机相册里儿子生前的照片，照片中这个阳光大男孩已经离开4年了。

出生于1994年的刘杰，生前系高台县合黎镇五三村九社村民。初中毕业后，他去江苏学习理发。几年后，回到家乡参军入伍。

"刘杰是一个特别懂事的孩子，退伍回来后，我们想让他去外边工作，但他主动选择为家庭分担责任，留在家里帮我们搞养殖、送牛奶，忙前忙后……"提起儿子，刘杰母亲眼里噙满了泪花。

天有不测风云。2018年12月28日夜间，刘杰意外摔伤，导致昏迷，紧急送往当地医院，经过诊断是重度颅脑损伤。经过多方积极救治，刘杰的病情一直未能好转，随后进一步发展至脑死亡。2019年1月6日，刘杰被转入兰州大学第一医院，经过临床检查、脑电图、经颅多普勒检查，最终还是判定了脑死亡。

"一切都太突然了，他还那么年轻，还有好多事没做。"残酷的现实让家人悲痛万分，无法接受。

"我曾在电视里看到过新闻报道，有不少等待肝、肾移植的患者。我的孩子既然救不了了，唯一能做的就是救别人吧。"刘杰的母亲在巨大的伤痛中，和家人商定后做出了令人钦佩的决定：捐献儿子的器官，希望能够帮助更多的人延续生命。

"曾经看到过高台县有关捐献器官的报道，觉得很伟大。刘杰热情善良，是个好孩子。我相信，他会同意我们捐献器官的这个决定。"刘杰母亲说着，语气中透露出一份坚定和安慰。

2019年1月9日，在甘肃省红十字会工作人员的见证下，患者家属签署《器官捐献志愿书》。经专家评估，患者心脏、肝脏、肾脏、角膜均适合捐献。其信息上传中国器官分配与共享系统，并匹配到相应受体。

2019年1月11日，在省红十字会工作人员的见证下，兰州大学第一医院进行获取手术及肝脏移植手术。刘杰捐献的心脏、肝脏、双肾脏、2个眼角膜，使4名患者先后重获新生，2名患者重见光明。经过简短的遗体告别仪式后，他的骨灰被安葬在甘肃省遗体器官捐献者纪念园。

2019年，刘杰入选"甘肃好人榜"，2020年被追授为"高台县第六届道德模范"。

"有时，觉得他就在跟前，或者去外边打工了。"说话间，刘杰的母亲忍不住泪眼婆娑。

"每当看到跟刘杰同龄的孩子结婚、生子，我的内心就百感交集。但又一想，虽然我的儿子没了，但是他的角膜还在看这个世界，心脏还在这个世界上跳动……他已经走了，就让那些受捐者健健康康地活着，替刘杰多看看这个世界，感受这个世界的温暖。"刘杰母亲说。

刘杰的母亲告诉记者，直到现在，刘杰的手机号码都一直通着。曾经的战友打电话过来，才知道刘杰已经不在了。4位战友相约过来看望他，还一同去甘肃省遗体器官捐献者纪念园缅怀刘杰。

"刘杰是姥爷的希望，孩子不在了，老人一直都不愿提及这个悲痛的话题。但他跟我们说过，将来他去世了，让我们也把他的遗体捐了。"刘杰的母亲坦然地说，将来自己不在了，也会选择捐献器官。如果自己的器官将来能帮助到其他人，那也是她生命的另一种延续。

点滴之水，汇聚成海。关于器官捐献的感人事迹在高台不断涌现。

2018年2月，33岁的高台县合黎镇五四村青年张海龙，因意外交通事故造成颅脑重型损伤，经医院抢救被诊断为脑死亡。他的家人在极度悲痛中，决定将张海龙的器官全部无偿捐献，以救助他人。经过配型，3名患者重获新生。

2019年6月25日，高台县骆驼城镇建康村24岁小伙权文山，因脑出血抢救无效不幸离世，按照生前意愿，家人将他的器官进行无偿捐献，4名患者受助重获新生。而他的妻子在丈夫故去的第二天，也默默签下《中国人体器官捐献志愿书》，注册成为一名器官捐献志愿者。

……

目前，高台县是甘肃省器官捐献人数最多的县。如今，在高台县崇德向善的好人文化引领下，人道、博爱、奉献的红十字精神在当地接续传递，讲述着一个个关于生命与希望的温暖故事。

今年，高台县"让爱永续"器官捐献者群体，获评2022年度"感动甘肃·陇人骄子"集体提名奖。

截至今年3月，我省累计登记遗体器官捐献志愿者10.3万人，实现公民逝世后器官捐献78例、捐献大器官219个、角膜82对，实现公民逝世后遗体捐献135例。

"有的人死了，他还活着。"诗人臧克家的这句诗是人体器官捐献者真实的写照。

记者手记

接续生命之火　播撒人间大爱

李永萍

今年3月24日，在甘肃省遗体器官捐献者纪念园内举行的清明缅怀纪念活动中，凝视着纪念碑上232位捐献者的姓名，记者和在场所有人对生命的意义有了新的理解和感悟。

4月中旬，我们怀着敬仰的心情，来到高台县这些捐献者的家庭，见到了捐献者的家属，听着他们对亲人的不舍，看着他们坚强地生活，感受他们无私的大爱……

器官捐献者用自己即将熄灭的生命之火，去点亮另一个濒临绝望的生命，送上最珍贵的"礼物"。正如《生命的礼物》写的那样："您最后的愿望是如此的简朴，盲人将重见光明，心脏将再次跳舞，那是您架起的生命之桥，让那些苦苦守候的人，重燃新生的希望，让那些痴痴等待的人，重获再生的力量……"

对于器官捐献者和家属来说，他们用大爱和奉献让挣扎在生死线上的人们重获生的希望。这份生命最后的礼物是他们对世界最美的馈赠，他们的伟大和无私，远远无法用语言来表达。

都说生命的消逝是一种结束，但高台县"让爱永续"器官捐献者群体却用另外一种方式让生命延续，他们在生命走到尽头时，以生命接力生命，留下大爱在人间。

谢谢捐献者们，他们用这种安静而温柔的方式，仍"活"在这个世界。

点评：这是一篇笔者从业近20年来，流着眼泪审完的稿子。关上电脑，我的心情久久不能平复。

"有的人死了，他还活着。"诗人臧克家的这句诗是对人体器官捐献者真实的写照。

这是记者专门赴高台采访的"让爱永续"器官捐献者群体。这个群体非常特殊，他们都已经去世了。记者去采访前也做足了功课，但是面临要采访家属，让他们回忆一些不愿意回忆的过往，未免有些残忍。这个采访的度必须把握好，不能引起家属的反感，还要从他们那里采访到内容，采访的难度可想而知。我和记者在沟通时，她告诉我，采访过程中，有的家属泣不成声，有的人则沉默不语。这就需要记者暂时调整情绪和思路，不断地引导，不能说过头话。

其实大家都知道，人物是最不好写的一种通讯题材，更何况是去世的人。要通过从他周围的亲戚朋友口中采访到素材，还要把人物写得生动立体，让读者读了这篇文章能了解到人体器官捐献者。他们用无私的捐献，连接起逝去与新生，传递着爱和希望。

采访是一个方面，更需要用心写作，精心打磨。用什么样的笔触来呈现这样一个题材？在采访中，记者努力克制自己的情绪，做到客观采访。当写稿时，翻看所有的素材时，她也忍不住流下了眼泪。她告诉我，一定要尽自己的努力，写出一篇佳作，来纪念这种大爱。

"都说生命的消逝是一种结束，但高台县'让爱永续'器官捐献者群体却用另外一种方式让生命延续，他们在生命走到尽头时，以生命接力生命，留下大爱在人间。"这是记者在手记中的一段话，相信每个读到这篇报道的读者都会有不同的收获。

304 名人大代表票选出 2024 年度十大民生实事项目
兰州首次实行民生实事项目人大代表票决制

兰州日报社全媒体记者：郭兰英　刘　超

（2024 年 1 月 13 日）

　　民生实事怎么办？代表票决说了算。1 月 12 日，在兰州市第十七届人民代表大会第四次会议上，一项新议程成为会议亮点——随着全市 304 名人大代表的选票落箱，对市政府提交的 13 项为民办实事事项进行无记名投票，差额票选出 2024 年度兰州十大民生实事项目。据悉，这是兰州首次实行民生实事项目人大代表票决制，由过去的"政府提"转为"大家提、代表决、政府办"，是兰州市人民代表大会及其常务委员会深入践行全过程人民民主、着力推进改善民生福祉的生动实践，是人民当家作主的最佳注解，更是市委、市政府对全市人民群众的庄严承诺。

广听民意：提出民生实事候选项目

　　究竟什么是民生实事项目人大代表票决制？民生实事项目人大代表票决制，是指政府在广泛征求人民群众意见建议基础上提出民生实事候选项目，经同级人民代表大会以代表投票表决的方式确定正式项目后，交由政府组织实施，并接受人大代表和人民群众监督的制度。通俗地讲，就是群众"点单"、人大代表"定单"、政府"领单"、人大"验单"的为民办实事全新模式。

　　"从民生实事项目的征集、酝酿，到筛选、票决，人大代表全程参与其中。"兰州市人大常委会一位工作人员介绍。兰州市 2024 年民生实事候选项目编制工作起步于 2023 年 9 月。为了推动政府兴办民生实事更加精准、更接地气、更聚民智、更富成效，提高政府决策的科学化、民主化、法治化水平，中共兰州市委办公室印发《关于开展民生实事项目人大代表票决制工作的实施意见》的通知，市人大常委会制定了《兰州市第十七届人民代表大会第四次会议票决民生实事项目工作方案》，为兰州推行民生实事项目人大代表票决制提供了有力支持和保障。

2023 年 10 月，民生实事的征集工作开始，市政府在媒体、网络上公开向市民征集项目线索，最大范围收集社情民意，充分调动了市民参与的积极性。市政府各部门结合各自职能和重点工作，提出符合市民期盼的民生实事项目建议。其间共收到各部门项目 13 项、群众意见建议 299 条。

与此同时，兰州市人民代表大会常务委员会代表工作委员会组织开展民生实事征集活动，依托人大代表家（站）、基层立法联系点、"智慧人大"综合服务等平台，面向人大代表、社会公众常态化征集项目线索，共有 31 名人大代表提出意见建议19 项。

按照"尽力而为、量力而行"的原则，经过项目筛选、意见征求、补充完善等程序，综合各方面意见，最终征集了一批群众最关注、最直接、最现实需求的"关键小事"作为"民生大事"，经市政府第 63 次常务会议、市第十七届人民代表大会常务委员会第 18 次会议、市委第 130 次常委会会议审议，最终形成共 7 个领域 13个候选项目，涉及教育、就业、社会保障、住房、医疗卫生、养老、交通、基础设施等领域，计划投资 19.94 亿元，充分彰显了市委、市政府的为民情怀。

征集、审议、推敲、把关……既是票决工作规范性的程序要求，也体现了市委、市人大常委会、市政府齐心协力、集思广益、民主审议、科学决策的审慎态度和务实精神。

代表票决：民生实事决策更接地气

在兰州市第十七届人民代表大会第四次会议上，兰州市发展和改革委员会做了《关于兰州市 2024 年民生实事候选项目的报告》，市人大代表对民生实事候选项目进行了充分讨论和审议。经汇总代表审议意见、主席团会议集中审议，最后经大会全体代表进行差额票决，票决结果在大会上当场进行了公布，并将主动向社会公开、接受人民监督。

人大代表票决选出的兰州 2024 年度十大民生实事项目是：全市 40 万户天然

气居民用户加装项目、城区交通治堵疏解工程项目、"养老服务＋老年助餐服务"试点项目、扩大教育资源项目、"失独"家庭综合保险项目、城镇新增就业项目、老年人意外伤害保险项目、和美乡村创建项目、村卫生室标准化建设项目、"四好农村路"新建及养护项目。

可以说，人大代表票决制让民生实事更接地气，是"为民办实事"长效机制的升级版，不仅拓展了社会主体的参与面，让党委、人大、政府和社会各界都充分参与其中，也为党委、政府科学民主决策和管理公共事务搭建了制度载体，为人民群众参与重大决策与民主监督提供了科学路径，使改革发展成果更多更公平惠及群众。

"人大代表票决民生实事项目，体现的是最广大人民群众的意愿；票决结果的出炉，代表的是全市人民的心声。"全国、甘肃省、兰州市、红古区四级人大代表尹建敏对实施民生实事项目人大代表票决制"点赞"，认为这是一次非常有意义的全新尝试，要引导代表更加深入了解人民群众所需所愿所盼，更加充满干劲地积极履职尽责，当好党员、政府和群众的"连心桥"，为兰州高质量发展和现代化建设贡献人大代表力量。

甘肃省、兰州市、城关区三级人大代表尚柏江在接受记者采访时说，民生实事项目由人大代表票决，让人民群众真正成为民生实事项目的决策者、受益者，实现政府决策与群众需求的精准对接、高度融合，真正把人民群众所需、所盼、所忧之事办好，更加广泛、更多层次地满足人民群众的美好生活需要，使群众的获得感、幸福感、安全感更加充实、更有保障、更可持续。

全程监督：桩桩件件都要办到群众心坎上

省委常委、市委书记张晓强在兰州市第十七届人民代表大会第四次会议闭幕会上强调，这次人代会票决出的十件民生实事，就是兰州老百姓的"家事"，也是市委、市政府的大事要事，桩桩件件都要办到群众心坎上，今年年底要向老百姓交出一份满意答卷。

民生实事项目票决产生以后如何实施？据悉，代表大会结束后，市政府将对民生实事项目进行任务分解，明确责任单位、责任领导、实施计划，书面报市人大常委会，并将项目进展情况及时向市人大常委会报告。市人大常委会将民生实事项目的实施情况监督列入年度工作要点，分解到相关工委，运用多种形式进行监督。市人大常委会相关工委将通过专题调研、集中视察、专题询问等方式，加强对项目实施进度、质量、绩效等的监督检查，督促政府完善民生实事项目责任落实、实施推进、后续管理、考核考评等工作机制，确保民生实事有力有序推进、取得实效。2024 年度民生实事项目完成后，市政府要将有关实施情况报告提交市人大常委会。市人大常委会会议将听取和审议该报告，并进行满意度测评。测评结果将报市委，纳入年度考核内容，并向市人大代表公开。

点评：民生实事项目社会关注度高，是老百姓的"家事"。在这次人民代表大会期间，兰州首次实行民生实事项目人大代表票决制，304 名人大代表票选出 2024 年度十大民生实事项目。这不仅仅是形式的转变，更是执政为民的体现，是深入践行全过程人民民主、着力推进改善民生福祉的生动实践，是人民当家作主的最佳注解，更是市委、市政府对全市人民群众的庄严承诺。

既然是首次，就要交代清楚背景，什么是票决制，为什么要实行民生实事项目人大代表票决制。稿件中分了三个层次——广听民意：提出民生实事候选项目；代表票决：民生实事决策更接地气；全程监督：桩桩件件都要办到群众心坎上。三个层次加以解读，让内容显得更为充实。

在稿件的最后，就大家关心的话题"民生实事项目票决产生以后如何实施"进行了进一步的说明，稿件结构完整。

城关区：建议还"热乎" 接洽已跟上

兰州日报社全媒体记者：颜 娜 见习记者：杨 潇
（2024年1月15日）

1月12日下午，兰州市第十七届人民代表大会第四次会议一闭幕，人大代表孙裕和柳迪就马不停蹄，第一时间赶到了城关区区政府5楼会议室。在这里，一场主题为"城关区电子项目库建设"的会议即将召开，来自兰州市自然资源局城关分局、兰州九州经济开发区管理委员会、兰州市城关区发展和改革局、兰州市城关区财政局等城关区相关部门的主要负责同志参加。

在本次两会城关代表团的分团审议现场，市人大代表柳迪提出建议：建设智慧政府投融资项目库，围绕中央预算内投资、省市专项、万亿国债、专项债券等资金投向，建立市区级滚动式项目库智慧管理平台，为兰州市争取更好更大项目提供基础支撑。

这一建议的提出不仅让在座的各位代表眼前一亮，也得到了当时参会市领导和城关区领导的一致认可。大家纷纷认为这样的电子项目库建设非常有必要，对于兰州现在推进项目"双进"（领导干部进项目、进企业）以及高质量发展有实质性作用。而作为中心主城区，城关区更是抢抓机遇、加速行动，第一时间接洽、商讨，力争人大代表的好建议早日落地实施，于是就有了本文开头的那一幕。

"此次市两会对区县的工作提出了要求，要让大家立即动起来、干起来、跑起来。人大代表大多是在自己的行业里深耕的行家，在此次城关代表团的发言上正好有这样的新观点、好建议，我们就要抓紧推动落实，现在就请城关区发展和改革局通报地方项目储备情况。"城关区委副书记、常务副区长孙裕开门见山地说。

在城关区发展和改革局主要负责同志用简短的时间通报了全区目前的项目实施

情况后，孙裕直指痛点："咱们的项目通过率不高、项目不够成熟丰富，在报有些重点项目的时候甚至存在'临时抱佛脚'的状况，在对项目的评判、管理、报送等全流程上，存在着靠经验去执行，缺少系统化、智能化的数据库等情况，这让我们错失了不少好机会、好项目。"这番话，也引起了在座的城关区各个部门相关负责人的认可，大家纷纷表示深有同感。

这样的痛点如何解决？人大代表柳迪的建议正是一剂对症的"良药"："下面我从建设背景、建设思路、功能模块、平台亮点四个方面给大家介绍一下城关区人民政府项目库数字智慧管理平台的设计思路……"柳迪的介绍专业而清晰，虽然只是初步思路，但是也能看到这一平台如果建设成功并投入使用后，能为全区乃至全市的项目争取带来诸多帮助。

其实，此次人大代表柳迪的发言并不是"临时起意"，记者了解到，他所在的企业甘肃金益通绩效评价咨询服务有限公司在两会前就调研走访了我市以及城关区相关各部门，而且该企业在这一方面有非常专业的经验，在全国其他地区也有成功的案例。在兰州市第十七届人民代表大会第四次会议分团审议当天，当这一提议得到与会领导和代表认可之后，柳迪又连夜带领团队针对城关区的具体情况做出了一份初步的平台设计思路。

"我们最近对于一个项目的推进刚好没进展，正琢磨这事呢，今天的会议给我们提供了新思路和新方向啊！"城关区水务局的相关负责同志说道。

"这个事情我们得干，而且要尽快干，这几天就要拿出具体的方案……"孙裕表示。虽是无缝衔接的临时会议，但是会上"干货"不少，下一步工作的方向也明确了起来。

记者手记

干在实处！怎么干？城关区用实际的加速动作为市委、市政府提出的这一要求做出了诠释。两会上，人大代表刚刚提出有价值的好建议，城关区就立马跟进、接洽、商讨。这样的效率让人敬佩，更看到了城关区委、区政府推进项目"双进"，抢抓项目争取、落地的决心！

点评：这是记者在会议现场抓到的一个好新闻。据记者介绍，她是在闭幕会上听到了这个信息，立马行动起来，跟着代表一起走进后面的对接会。这显示了记者敏锐的新闻意识和专业素养。用特写的形式表现这一新闻事件，显得很生动，还能用有特点的对话把整个事件串起来，这样读者读起来不会枯燥，娓娓道来，可读性很强。"城关区：建议还'热乎' 接洽已跟上"这个标题更是可圈可点，恰到好处地表达了兰州市城关区用"加速度"对待两会上人大代表提出的有价值的好建议。